倉田信靖

Nobuyasu Kurata

公徳の国JAPAN

明徳出版社

公徳の国 JAPAN ※ 目次

目次

公徳の国　JAPAN

はじめに

社会では一般的に、人格のすぐれた人、人間として立派な人のことを「徳のある人」とか「有徳の人」、また「人徳のある人」という。しかし、そういう言葉で表現されるのは、その対象と目的によって「徳」とされるのであって、そこに絶対的な価値観が込められているとは思えない。

わたくしは、徳についての要素は、全ての人間（地域・宗教も含めて）にそれぞれ備わっていると考えている。従って、一般的には絶対に相容れない民族の対立や、宗教問題についても、そこには必ず徳を称する者が存在する。人々から人徳者と呼ばれる者がいる。換言すれば、民族問題、宗教戦争を含めてつねに極点対極点、正義対正義という対立的な場にありながら、それぞれに有徳と称する者の対立的な人物が存在することは否定できない。まさに、徳に尽度がないところから生じる矛盾である。

徳とは人間としての充実にかんする卓越性であるとする孟子が示した見解と、徳とは社会のなかで他者とうまく交流することに寄与するような傾向性であるとする王陽明が示した見解の二つである。

（『ケンブリッジ・コンパニオン　徳倫理学』　ダニエル・C・ラッセル　Daniel C. Russell 編　立花幸司 監訳　二九頁）

意志の自律とは、意志が己れ自身に対して（意欲の諸対象の如何なる性質にも左右されることなく）法則となるという意志の性質である。（略）自律の原理が道徳の唯一の原理であることは、道徳性の諸概念の単なる分析によって十分よく明らかにすることができる。

（『道徳的形而上学の基礎』　イマニエル・カント　Immanuel Kant（一七二四〜一八〇四）著　豊川昇 訳　一三二頁）

アリストテレースは凡て徳は中庸にあるとなし、例えば勇気は粗暴と怯弱との中庸で、節倹は吝嗇と浪費との中庸であるといった。

（『善の研究』　西田幾多郎（一八七〇〜一九四五）著　二二九頁）

これらは洋の東西にわたる「徳」あるいは「道徳」に関して諸氏の論述するところである。勿論、これらの他にも「徳」あるいは「道徳」にかかわる議論は数多くなされているところである。

なお、「徳」についての字義解説は、本文中に展開しているので（二〇頁）、そちらをご一読下されば幸いである。

ところで、本稿にあっては、これらの視座とは趣きを異にし、「公徳」について論述するものであることを予めお断わりする。

「公徳心」といわれる倫理の表現は、厳密には「徳」として括られる意味とは異なる。

「公徳心」の英文表記については「Kotokushin」と、ローマ字表記にするか、もしくはunbiased harmony（不偏 調和）が適切と考えている。

人類にとって普遍的な価値は、公徳心をわきまえることにあると考えている。公徳の理念は、人類の「和」を表象するものであり、「和」は人類の相克（あらそい）を超越したところに存在する日本の美徳でありアイデンティティ（identity）であると思う。

本来、日本人にとって「和」は律令制度の確立と相俟って、倫理と国家憲法の原点をなす聖徳太子の「十七条憲法」の第一条に顕示されている理念である。日本国民に伝承されてきた民族の精神を反映させた、国の社会資本の重要な一つであると考えている。外国人から見た日本人の優しさ、あるいは「おもてなし」の心も、この和の精神と無縁ではない。

世間には公徳と定義せずとも、既に実践されている倫理の中に公徳と認められる、あるいは公徳の範疇と考えられる行為、思惟は存在するものと考える。倫理という表現をもって公徳を論じる際に留意すべきことは、人類が歩んできた歴史の中にも、それぞれの歴史に応じた倫理が存在したという事実は否定できないということである。すなわち封建社会の倫理もあれば、資本主義社会の倫理、社会主義社会の倫理、更には特定の宗教至上主義社会の倫理もあり、これらの倫理の基準は決して同一のものではない。

しかも、その現実は人類の倫理という継続性を装いながら現代においてすら自己あるいは群《むれ》の主張する倫理のみが永遠不変の倫理の正統であるとする国際社会の一部に見られる現実もある。かつて、ギリシャの昔、プロタゴラス（Prōtagorās BC五〇〇〜BC四三〇）が「人は万物の尺度」と吐露した如く、倫理もそれぞれの群《むれ》、あるいは集合体によって、それぞれの基準に左右されながら存在認識されているという現実も否定できない。

かかる矛盾をはらみながら、現代の国際社会は持続可能な人類社会の構築といった崇高な方向性を人類に期待しているのが実情であると言えなくもない。

かりに、東アジアにおける実情を俯瞰するならば、日本と周辺の国々には多くの共通性もあるが、その共通項では補いきれない重篤な異質性が数多く存在する。

六年前の東日本大震災（二〇一一年三月十一日）の混乱の際にも、国民のそれぞれが自制心を失うことなく、互助の精神を遵守して行動した姿は、日本人のアイデンティティとして、国際社会に驚きと多くの感動を与えた。

国際社会にありがちな個人主義、あるいはポピュリズム（Populism）、更には極度に台頭いちじるしい民族主義、あるいは領土拡張主義が強まり、各地で事件が多発している国際環境にあって、日本民族に伝承される和と公徳心を基本とするアイデンティティは、まさに世界に誇りうる国家資本であると考える。

「公徳心」の系譜

二〇一二～一三年にかけてＢＢＣ（英国放送協会）の行なった「世界に良い影響を与えている国を調べる世界世論調査」において、日本が一位に選ばれた。

この事実は日本にとって、慶事といっても良い。長年にわたり醸成されてきた日本人のアイデンティティ、さらには日本の社会資本の役割りが世界から認められたことになる。

現在の国際社会は、国連未加盟国を含めて、二百カ国余りである。日本は昨年、国連加盟六十周年を迎えている。この間、非常任理事国として、最長記録を維持するとともに、人道支援、平和維持活動など、国際貢献をするとともに、人類の希求する持続可能な国際社会の構築に関して、積極的に役割りを果している。

わが国が島国でありながら、こうした国際社会に対するグローバルな視野と俯瞰的な判断力を維持、実践している事象にも、この国の在り方が反映されている。

わが国の法と道徳律の基本と考えられる存在に、六世紀に文章化された「十七条憲法」がある。わけても、わたくしは第一条の骨格をなす「和」の精神に日本の精神的な原風景を重ねている。

聖徳太子（五七四～六二二）の存在は、「十七条憲法」の制定のみならず、隋《ずい》の煬《よう》帝《だい》（五六九～六一八、在位六〇四～六一八）との外交文書において、こんにちで言うところのグローバルな国際関係を構築したパイオニア（Pioneer）であろう。

狩猟民族と較べて、協調性の求められる定住型の農耕民族にとって、「和」は極めて大切な社会共通の理念であったものと考える。

かかる大和民族の意識は日本社会の構造の成長とともに、他者への配慮、心配りとして完成度を高め、自己の修養とともに、対社会への対応として、たとえば「おもてなしの心」と称される「心」と「所作」に表現されることなどもその範疇にあると思われる。

「公徳心」の言語は漢字による熟語であるが、「公徳」あるいは「公徳心」は、日本において定立した倫理用語であると考えている。その原点となった思想は、「十七条憲法」第一条に明記された「和」にあると思量する。

さて、わが国は王仁《わに》による『論語《ろんご》』、『千字文《せんじもん》』の伝承説以来、多くの漢籍がもたらされ、かの「十七条憲法」にも、多くの漢籍の影響を窺うことができる。

しかるに、「公徳」にかかわる表白については、管見ながら、諸橋轍次の『大漢和辞典』に「公徳」について、

〔晋書、索襲伝〕「公徳名儒、可咨大義。」
〔隷釋、六樊安碑〕「以公徳、加位特進。」、〔注〕「碑以公徳為功徳。」

とある。

そこで、正史『晋書《しんじょ》』（列伝六十四　索襲伝）を確認すると「索先生碩徳名儒真可以諮大義」とあるところから「公徳」ではなく「碩徳」である。

次に『隷釋《れいしゃく》』の「以公徳、加位特進」のところであるが、『四庫全書』（史部　隷釋巻二十六）に当ると、「樊安碑」と有るも「有録無説者」とのみであり、「公徳」の確認は不可能であった。改めて確証の機会をもちたい。

日本近世期における儒学研究は、碩学の競うところとなり、完成度の高い時代であった。とりわけ「徳」に対する日本人の知的関心は庶民から武士階級にいたるまで高く、国民性を類推することのできる関心事である。

因みに、山鹿素行《やまがそこう》（一六二二〜一六八五）は「徳、公共にして天地に通じて万物に惑はざる者は、天徳、明徳なり」（『聖教要録』（中））と、また伊藤仁斎《じんさい》（一六二二〜一七〇五）は「徳とは、天下の至美、万善の総括」（『語孟字義』）と言う。さらに荻生徂徠（一六六六〜一七二八）は「公なる者は私の反なり。衆の同じく共にする所、これを公と謂ふ。己の独り専らにする所、これを私と謂ふ。」（『弁名』）と、それぞれが、「徳」を「公共」もしくは「天下」と組み合わせて表現している。また、徂徠は公と私の区分を述べている。このことは後世において、「公徳」と「私徳」の表現を待つ予兆とも考えられる。

わたくしは、これらの事実を勘案し、この時代の後に登場する「公」と「徳」の一体化した「公徳心」という倫理用語の萌芽期と考えることも余地として残している。

明治八年以降に入ると福澤諭吉の『文明論之概略』、更には夏目漱石の『吾輩は猫である』などに「公徳」の使用が多く見られるようになる。この部分については、本書中の別稿に改めている。

つぎに大槻文彦の『新編　大言海』（昭和五十四年版）には「公徳は、〔英語 Public Virtue. の訳語〕国家、公衆に対して守るべき徳義。公共の精神と、同情との結合。」とあり、英語の訳語としている。

また、上田万年の『大字典』（大正六年）には「公徳とは社会公共に対する徳義」という。（この場合の「義」とは「意味」ということ。）

さらに、『日本国語大辞典』に窺われる「公徳心」とは「社会の一員としての正しい生きかたを守る精神」（『日本国語大辞典　第二版』第五巻〈第一刷〉四〇三頁　小学館　二〇〇一年五月二〇日）と記されている。

新村出《しんむらいずる》の『広辞苑』（第六版）には、「社会生活の中で守るべき道徳⟷私徳。〈公徳心〉公徳を重んずる精神」とある。

「公徳心」について、わが国の学校教育の現場では「公徳心及び社会連帯の自覚を高め、よりよい社会の実現に努める」（『中学校学習指導要領』〈二〇〇八年改訂〉第三章「道徳」）とある。

かつて、知識人の一人として、論壇あるいは、大学教育界に活躍した蠟山政道《ろうやままさみち》（一八九五〜一九八〇）は、「日常生活や団体行動などでは公徳心を欠いた粗野な振舞ひが多くて文明国民としての教養の不足が窺はれるなどともいわれる」（『教養としての社会科学』河合栄治郎編『学生と教養』昭和十五年十一月）と、「公徳心」のありようについて述べている。

わたくしは、これらの事例にならい「公徳心」とは、民族、思想、宗教などの桎《しっ》梏《こく》を超越したところに認められる協調と調和の倫理哲学であると考えている。

「秘すれば花なり、秘せずば花となるべからず」と「公徳心」

「公徳心」の精神と世阿弥《ぜあみ》（一三六三？〜一四四三？）の『風姿花伝《ふうしかでん》』に見られる「秘すれば花なり、秘せずば花となるべからず」との間にわたくしは深い縁《えにし》を感じている。

世阿弥の活躍した室町時代の初期に「公徳心」という言語が存在したという確証を筆者はもちあわせていない。

「公徳心」の語源を探索する過程で、果して「公徳心」という言葉の真意を人々は理解できるだろうかとさえ考えることもしばしばである。

そうした中で、ご交誼をいただいている茶道裏千家第十五代家元千玄室大宗匠（一九二三〜）から茶道の心得の一つとして「他者に不快なおもいをおかけしない」

という趣旨のお話を伺ったことがある。茶道の心構えの一つとして、心に留めるとともに「公徳心」にも通じるお言葉とも考えている。

さきの世阿弥の言葉と、茶道の心得に共通するものがあるとすれば、我欲を戒める警句と理解している。

他者の存在と自己との関係の中で、他者に配慮するということは、言葉遣いのみならず、所作《しょさ》においても同様なことが言える。

この観点から考えると、諸外国と比較して、日本の伝統文化である「茶道」、「華道」、「武道」などに共通することは、それぞれの所作に重大な意義を宿していることである。

たとえば、「茶道」は、終始、全ての所作を厳守し、「和敬清寂」の境地そのものである。（「清」と「静」は異なる。茶道では「清」である。）

ここで「はじめに」に次いで、ダニエル・C・ラッセル（Daniel C. Russell）の表白する「徳倫理学」を参照することにしたい。

徳倫理学の中心となる概念は、公正さ、勇気、自制心といった性格の卓越性である。そして徳倫理学は、われわれが善き生を送り、自らを善く扱い、他者に善く接し、そして栄えある共同体を共にする上で、こうした性格の卓越性がどのような助けになるのかという点に焦点を当てるものである。

（『徳倫理学』立花幸司訳　三頁）

右の『徳倫理学』の「自己と他者の関係に善と善とのかかわりが、共同体に卓越した善《よ》い関係をもたらす」ということに鑑みると、千玄室大宗匠の説かれる「茶道の心得」と相い通じる精神性を認めることができる。

茶道などの日本文化に窺われる、一見厳しく映る所作とは、自己にとどまる所為ではなく、人間社会相互の倫理性、「和」に近似した相関性を体現するものといえよう。

これらのことから、わたくしは、「公徳心」とは「和」を体現する人間の倫理観の大切な要素の一つであると考えている。

「徳」の定義

「徳」の文字の成り立ちは、金文《きんぶん》と篆文《てんぶん》に関連して白川静博士の説明を援用させていただく。

金文

篆文

金文に、敬徳・正徳・元徳・秉《へい》徳・明徳・懿《い》徳・首徳・徳経・政徳・経徳など、その語彙は甚だ多く、徳の観念の発展が著しい。(中略)もと省道の呪力を意味するものが、次第に人の内面的な徳として自覚されてくる過程が、字形の展開の上にもあらわれているのである。

(白川静『字統』)

ここに示された「省」とは、占術師が自分の目の上に付ける呪飾のことである。「徳」字の成り立ちは、さきに示した「金文」と「篆文」に窺われるように、占術師が目の上に何らかの装飾物を付けていることを意味している。

他者と異なる装飾を身に付けるという行為は、当事者が特定の権威を帯びた立場であることの証しであると類推するのが一般的であろう。

金文の初期に見られる「省」の原型から、推移して篆文への移行に伴ない顕著になるのは、「省」の下に「心臓」の象形が描かれていることに注目したい。

古代における占術師の姿は、目の上に装飾を施した特異な立場を示すものであり、この特異性は、つとに占術者の権威を示すところであるとともに、占術者と占術対象者にとっては、期待と、信頼を共有できる相互関係を成立させる効果があったものと思量する。

すなわち、占術者の姿と、占術者の占言は、他者の意識にまで及ぶものでなければならなかった。他者の意識（心）にまで及ぶという文字の進化が「省」と「心臓」との合体として、現在の「徳」に収斂されたものと考えている。

従って、「徳」字の完成とともに、徳とは、「道徳・徳性・美徳」、さらには、「人を感化する人格の力」、「神仏の加護」、「徳化・恩徳」など、多様性を帯びる倫理用語となっている。

「公」についての日本語と漢語の使用例

「公徳」の重要な要素は、言うまでもなく「公」と「徳」の組み合わせによるものである。「徳」については単独で、一般的な認識として「悪徳」、「不徳」を除き、大要、善意ある人格の表現を代表する語である。

「徳」字の成立と、その語意の展開は、本稿中に既に整理したところであり、あえてここでは「徳」については割愛するとして、「公」についてのみ、その語意と使用例について考証することにしたい。

「公」の字義を『説《せつ》文《もん》解《かい》字《じ》』にたどると、 会意文字である。

八は背離の意である。また『韓非子《かんぴし》』（五蠹《ごと》）に「背ム為公」（私にそむくを公となす）とある。現行の『韓非子』には「背私謂之公」と窺知する（同様な文を「十七条憲法」の第十五条に知見する）。

因みに、漢籍に見られる「公」の使用例には、次のようなものがある。

○「公田《こうでん》」は、井田《せいでん》制を表わし、井の字形に区切った中央の一区画を「公田」と称し、為政者に対して耕作物を上納する区画であり、周囲の八区画を「私田」と称した。「公田」の記述が確認できる文献としては、『詩経《しきょう》』、『孟子《もうし》』、『礼記《らいき》』（王制）など。

○「公道」は、公正な道理の意。『荀子《じゅんし》』（君道）、あるいは『韓非子』（内儲説　上）など。

○「公平」は、えこひいきのないこと。『戦国策《せんごくさく》』（秦一）

○「公廉」は、公正であり清廉なようす。『史記《しき》』（酷吏伝）

○「公論」は、世間の認める正しいとする議論のこと。『世説新語《せせつしんご》』（品藻）

○「公言」は、公けに発する言葉。『史記』(孝文紀)。また韓退之の『原道《げんどう》』

○「公憲」は、国の法。『後漢書《ごかんじょ》』(張覇伝)

○「公清」は、清廉で私欲のないこと。『三国志《さんごくし》』(呉志潘濬伝・論)

次に、「公」について日本の場合を『広辞苑』にたどると、

①　かたよりのないこと。(公平、公正)

②　おおやけ。朝廷。官府。国家(公私、公務、奉公、公文書)。

③　社会。世間または衆人。おもてむき。「公衆・公園・公開」

④　一般に通ずること。共通にあてはまること。「公理・公式・公約数」

⑤　主君。諸侯。貴人。「公子・公卿・公家・王公」

⑥　周の五等の爵の第一位。

⑦　華族制度の五等爵の第一位。「公爵」

⑧　昔の大臣の称。また大臣となった人につける敬称。「鎌足公・菅公」

とある。

さらに、日本における「公」使用の熟語例について、『広辞苑』には、公営、公益、公課、公刊、公企体、公儀、公休、公共、公言、公金、公庫、公示、公社債、公衆、公序、公人、公職、公正、公租、公訴、公知、公定、公徳（公衆道徳）、など一般に使用されているものだけでも百語近い「公」を冠した日本語が存在している。

『大漢和辞典』（諸橋轍次）に窺見する「公」の熟語例と比較した場合、日本語に使用されている「公」の熟語例が圧倒的に多数である。

これらの具体的な事例から、日本社会における「公」の理念、「公」概念の定着、「公」意識の共有度は、漢字原産国の中国に比して高いということを証明しているように考えられる。

『論語』に「公徳」なし

『論語《ろんご》』は孔子《こうし》（BC五五一～BC四七九）と、その門弟たちによる問答体形式の言行録である。とりわけ多く記録されているのは周知のごとく孔子の言葉である。顔淵《がんえん》、曽子《そうし》、子貢《しこう》、子路《しろ》をはじめ有名な門弟たちとの対話によって『論語』は構成されている。

『論語』にかかわる研究は日本、中国をはじめ各国の研究者によって進められ、その研究は後漢の鄭玄《じょうげん》（一二七～二〇〇）から現代に至るも続けられ、枚挙にいとまがない。

『論語』の解題を目的にする紙面ではないが、わが国の代表的な『論語』にかかわる文献として、安井息軒《そっけん》（一七九九～一八七六）の『論語集説』（六巻）をあげたい。

『論語』には、人倫にかかわる数多くの表白がなされ、わが国にあっては、倫理道徳の規範を示す文献として扱われてきた。そのために、『論語』の中から格言として好まれる文章も少なくない。卑近ながら筆者の所有する、岸信介氏（元内閣総理大臣）の揮毫された「士不可以不弘毅」（士は以て弘毅ならざる可からず）も、『論語』（泰伯　第八）からである。

伝えようとする意味が簡潔に表現されていることも、『論語』が日本の社会になじんだ一面といえなくもない。

さて、このような『論語』には、「徳」に関する使用例は、二十八カ所にのぼる。また、「公」の字数は六十を数える（『論語引得』）。しかし、『論語』には「公徳」の熟語はない。

管見によれば、中国古典に「公徳」の熟語は見当たらない。『佩文韻府《はいぶんいんぷ》』中に「公」の字は五百三箇を確認するも、「公徳」の熟語を検索することはできない。

福澤諭吉の「公徳」論

福澤諭吉（一八三五～一九〇一）は明治時代の啓蒙思想家・教育者であり、慶應義塾の創立者として著名な人である。また、一万円札に肖像が載っている人物として、その顔は誰もが知っている。

福澤は欧米視察の見聞をもとに西洋文明の紹介につとめ、『西洋事情』（初編の刊行は慶応二年〈一八六六〉）等の書を著し、当時多くの人々に影響を与えた。彼は西洋の事情を紹介・翻訳するにあたり、訳語の問題には随分苦労したようである。その間の事情を福澤は次のようにいう。

翻訳の事は凡そ右の方針にして先づ便利を得たれども、之に次で困却したるは、追ひ追ひ西洋の新事物を輸入するに随て、之を代表する新文字の絶えて無きこと是なり。初めの中は漢書を彼れ是れ乱抽して相当の文字もがなと詮索したれども、到底其甲斐なきも道理なり。元来、文字は観念の符号に過ぎざれば、観念の形なき所に影の文字を求むるは、恰も雪を知らざる印度人に雪の詩を作らしむ用の沙汰なれば、遂に自から古を為し新日本の新文字を製造したる其数亦尠なからず。

（『福澤全集』第一巻「緒言」）

福澤は、「西洋の新事物を輸入するに」あたり、訳語として相応しい言葉のないこと、中国の書物を調べても成果のないことに困り、自ら造語したものも少なくないという。因みに、「社会」、「会社」、「自由」、「経済」、「健康」等は福澤の造語である。

『西洋事情』とともに、福澤諭吉の代表的な著作の一つに『文明論之概略』がある。西洋と日本との比較文明論であり、刊行は明治八年（一八七五）である。

徳とは徳義ということにて、西洋の語にてモラルという。この徳義にも知恵にも各々二様の別ありて、第一、貞実、潔白、謙遜、律儀等の如き、一心の内に属するものを私徳といい、第二、廉恥、公平、正中、勇強等の如き、外物に接して人間の交際上に見《あら》わるる所の働《はたらき》を公徳と名づく。（略）けだし私徳を拡《おしひろめ》て公徳に至るの意ならん。

（『文明論之概略』巻之三第六章　智徳の弁）

徳とは「徳義《モラル》」のことで、その徳義に「私徳」と「公徳」があるという。ここに「公徳」という語がみられるが、福澤が初めて使用したのであろうと考えられている。

「公徳」を評価した夏目漱石

夏目漱石（名は金之助　一八六七〜一九一六）の小説『吾輩は猫である』（執筆年代一九〇五〜一九〇六）に「落雲館」という学校が登場する。八百名ほどの生徒の在籍する中学校である。漱石はこの中学校の教師が「倫理の講義」をしている情況を記し、その講義の内容に「公徳」を首肯する意味で、六カ所にわたり紹介している。

……公徳と云ふものは大切な事で、あちらへ行って見ると、佛蘭西《フランス》でも独逸《ドイツ》でも英吉利《イギリス》でも、どこへ行っても、此の公徳の行はれて居らん国はない。又どんな下等な者でも此公徳を重んぜぬ者はない。悲しいかな、我が日本に在っては、未だ此点に於て外国と拮抗する事が出来んのである。で公徳と申すと何か新しく外国から輸入して来た様に考へる諸君もあるかも知れんが、さう思ふのは大なる誤りで、昔人も夫子の道一以て之を貫く、忠恕のみ矣と云はれた事がある。此恕と申すのが取りも直さず公徳の出所である。私も人間であるから時には大きな声をして歌《うた》などうたって見たくなる事がある。然し私が勉強している時に隣室のものなどが放歌するのを聴くと、どうしても書物の読めぬのが私の性分である。であるからして自分が唐詩選でも高声に吟じたら気分が晴々してよかろうと思ふ時ですら、もし自分の様に迷惑がる人が隣家に住んで居って、知らず知らず其人の邪魔をする様な事があっては済まんと思ふて、さう云ふ時はいつでも控えるのである。かう云ふ訳だから諸君も可成《なるべく》公徳を守って、苟も人の妨害になると思ふ事は決してやってはならんのである……。

〈夏目漱石著『吾輩は猫である』〈『漱石全集』第一巻〉三〇九頁〜三一〇頁　岩波書店　昭和四十年十二月発行〉

『吾輩は猫である』の作品中に知見される「公徳」の表白は、この作品の中では、集中的にこの部分に使用されている。漱石がイギリス留学、さらには英文学者としての知識を駆使した小説の中に垣間見せた「公徳」の使用例である。倫理担当の教師の講義内容を文章化するという手法を用いながら展開される「公徳」の具体例から類推するに、漱石の思惟には「公徳」への認識、評価が定まっていたものと考えられよう。また、西洋の事例を示しながら、なお、東洋の「恕」(『論語』里仁　第四)の意味を援用しているところにも、漱石の広汎な学識を窺うことができる。

すなわち、漱石の認識する「公徳」とは『論語』に知見する「忠恕」の類であり、「忠恕」が「公徳」理念の出所であるとの認識を示している。『論語』には「公徳」の熟語は存在せず、加えて『論語』に示された「公」には現代に共有される「公」概念に相応しい定義がなされていなかったことは、既に検証したところである。かくすると、漱石の「忠恕」と「公徳」との共通認識は、漱石による思惟の営為によるものであることを拒否する理由もないものと思われる。

（注：子曰く。参《しん》、吾が道は一以て之を貫《つらぬ》くと。曾子《そうし》曰く。唯《い》と。子出づ。門人問ひて曰く、何の謂《いい》ぞやと。曾子曰く、夫子の道は、忠恕《ちゅうじょ》のみと。（『論語』里仁第四）

〔忠恕〕とは、己の誠実な心を尽して少しも余す所のないことを忠といい。己の欲しない所は、人もまた欲しないと思いやり、これを人に要求しないことを恕という。

『吾輩は猫である』の「公徳」の二義性について

前章（「公徳」を評価した夏目漱石）に引用した六カ所の他に、前稿の文脈を受けた作品の展開の上で、更に一カ所ではあるが、前出の「公徳」観とは異質な「公徳」の表現を確認できる。

聞いたよ。其時分になると落雲館の倫理の先生はかう云ふね。諸君公徳など云ふ野蠻な遺風を墨守してはなりません。世界の青年として諸君が第一に注意すべき義務は自殺である。しかして己れの好む所は之を人に施こして可なる訳けだから、自殺を一歩展開して他殺にしてもよろしい。

（『漱石全集』第一巻〈『吾輩は猫である』〉五一〇頁　岩波書店　昭和四〇年一二月発行）

この表現は、前出の頁から二〇一頁（本稿、底本による）を経過した展開の中で、時間的空間を隔てた仮空の話として、「萬年の後には死と云へば自殺より存在しないものの様に考へられる様になる」（前掲同書　五一〇頁）と、現実社会を超えた萬年後の社会を仮定した話である。

ここに窺われる「公徳などと云ふ野蠻な遺風」という表現は、前稿とは異なる表現となっている。前章の六カ所に整理された「諸君も可成公徳を守って、苟も人の妨害になると思ふ事は決してやってはならんのである。」との表白とは、背律の関係にあるといえる。

拙稿の執筆にあたり、多くの文献を渉猟したが、その中に『日本国語大辞典　第二版』（小学館　二〇〇一年五月刊）がある。この書は「公徳」についてこう‐とく【公徳】〔名〕①社会を構成する一員として、守るべき正しい道。＊文明論之概略〔一八七五〕〈福澤諭吉〉三・六「廉恥、公平、正中、勇強等の如き外物に接して人間の交際上に見はる所の働きを公徳と名く」＊吾輩は猫である〔一九〇五〜〇六〕〈夏目漱石〉一一「公徳抔〔など〕と云ふ野蠻の遺風を墨守してはなりません」＊国民精神作興に関する詔書‐大正一二年〔一九二三〕一一月一〇日「人倫を明にして親和を致し、公徳を守りて秩序を保ち」②公明正大な徳。よこしまな心のまじらない道徳。＊晋書‐索襲伝「公徳名儒、可咨大義」〈第五巻　四〇二頁〉

と記している。

「公徳」について、『吾輩は猫である』の作中から「公徳などと云ふ野蠻の遺風を墨守してはなりません」という文のみが引用されているのである。しかし、前章で証明したごとく、「公徳」に対する漱石の意識は「野蠻の遺風」という表現とはほど遠い認識であったのではないか。漱石の公徳観を、『吾輩は猫である』の中から象徴的に抽出するとすれば、前章の六カ所に吐露されている「公徳」観も併せて例示すべきと思量する。

漱石の作品から、その意味を例示する必要があるならば、前後の文脈を峻別した上で行うべきであり、公徳、即「野蠻の遺風」のみをとり上げていることはいかがなものであろうか。

『論語』の「徳」とは

「徳」については『論語』にかかわらず、多くの文献に見られるところである。「徳」の字の示す意味、「徳」の字の成りたちについては、本書（二〇頁）に収載している関係上、ここでは割愛させて戴く。

さて、『論語』には「徳」の字数は二十八個を確認することができる。これらの「徳」が用いられた表白を使用目的ごとに分類すると、大要六分類が可能となる。

一、政《まつりごと》と徳

二、君子の資格と徳

三、一般の倫理としての徳

四、処世術としての徳
五、徳の礼讃
六、徳の定義

このように、『論語』全篇に吐露されている徳の使用は多岐にわたっているので、これらについて順次考察をすすめることにしたい。

整理上、便宜的に「学而　第一」から順次「堯曰　第二十」に及ぶことにする。なお、『論語　引得』(附標校經文)は、「中華民国五十三年四月影印」(編纂者　哈佛燕京学社)を使用した。読みは全て書き下し文に改めている。

因みに『論語』は二十篇あるが、どの篇もそれぞれ最初に出てくる二字、あるいは三字をとって篇名としている。その意味では、『荘子《そうじ》』や『荀子《じゅんし》』などのように、一篇の内容をまとめて篇名としたのに較べて異なっている。

さらに、第一から第二十という類別表記の仕様であるが、後漢の蔡倫《さいりん》によって紙が発明される以前にあっては、古代の竹簡、木簡のように、細いなめし皮(韋)で編んで一篇ごとに巻き物状にしたところから、第一、第二などとしたものと考えられている。

曽子《そうし》曰く、終《おわり》を愼《つつし》み遠《とお》きを追《お》へば、民《たみ》の徳厚《あつ》きに帰す。（学而　第一）

（原文）曽子曰。愼終追遠。民徳帰厚矣。

〔曽子《そうし》の言うに、「上に立つ者の姿勢として、親が亡くなった時の葬儀の仕方が、誠実に行なわれるとともに、遠い先祖をも丁重に祭ることができたならば、民衆もその行為に感化されて、人情のあつい社会となる。」〕

（注：孔子の門弟の中でもとりわけ曽子は孝を大切にしている。）

「民の徳」とは、この場合「徳」を「得」と解するのが一般的である。人の道を実践して、自分の心身に体得したことを「徳」という。

子曰く、政《まつりごと》を為すに徳を以てするは、譬《たと》へば北辰《ほくしん》の其の所《ところ》に居《い》て、衆星《しゅうせい》の之《これ》に共《きょう》するが如し。（為政　第二）

（原文）　子曰。為政以徳。譬如北辰居其所。而衆星共之。
〔孔子の言うに、「政治に徳を反映させると、人々の心が為政者に集まることは、譬《たと》えるならば、北極星が宇宙空間の定位置に存在し、他の多くの星が北極星を抱くようなものである。」〕
（注：「共」の意味について、共と拱は同じである。『説文』では「拱は斂手なり」とあり、朱子は「共は向なり」としている。）

子曰く、之《これ》を道《みちび》くに政を以てし、之を斉《ととの》うるに刑を以てすれば、民《たみ》免《まぬが》れて恥づる無し。之《これ》を道《みちび》くに徳を以てし、之《これ》を斉《ととの》うるに礼《れい》を以てすれば、恥づる有りて且《か》つ格《いた》る。（為政　第二）

（原文）　子曰。道之以政。斉之以刑。民免而無恥。道之以徳。斉之以礼。有恥且格。
〔孔子の言うに、「民衆を指導するのに法律や、刑罰にのみに頼ると、人々は刑罰にふれなければよしと考え、悪い行為をしても恥かしいと思わなくなる。しかし、徳（道徳）を基本として、礼儀の大切さを教えた政治では、人々は悪い行為には羞恥心を感じるようになり善い社会が実現する。」〕
（注：「格」について『爾雅《じが》』に「至」とある。）

子曰く、徳孤《こ》ならず、必ず鄰有《となり》り。（里仁　第四）

（原文）　子曰。徳不孤。必有鄰。

〔孔子の言うに、「有徳者という者は、けっして孤立することなく、人間社会に必ず隣人がいるように、有徳者に共感する人ができる。」〕

（注：「有鄰」について朱子は「鄰はなほ親のごとし」という。）

子曰く、中庸《ちゅうよう》の徳たるや、其れ至《いた》れるか。民《たみ》鮮《すくな》きこと久《ひさ》しと。（雍也《ようや》　第六）

（原文）　子曰。中庸之為徳也。其至矣乎。民鮮久矣。

〔孔子が言うに、「偏《かたよ》ることなく、終始変らない中庸《ちゅうよう》の徳は至上のものである。このような徳を提唱する人が少なくなり、ずいぶんと月日が流れた。」〕

（注：「中庸の徳」の表白は、この箇所だけである。四書（『論語』『孟子』『大学』『中庸』）の一つである『中庸』は、本来『礼記《らいき》』（四十九篇）の中の一篇であり、孔子の孫の「子思《しし》」の作として伝えられている。哲学的思惟性の高い内容として『礼記』から分けられ『中庸』として定着している。この「中庸の徳」の表白も『論語』にはこの箇所だけに窺知できる表現である。）

子曰く、徳を之《こ》れ脩《おさ》めず、学を之《こ》れ講ぜず、義を聞きて徙《うつ》る能《あた》はざる、不善の改むる能はざるは、是《こ》れ吾《わ》が憂《うれい》なり。（述而　第七）

（原文）子曰。徳之不脩。学之不講。聞義不能徙。不善不能改。是吾憂也。

〔孔子が言うに、「道徳を修めることもできず、学問研究も中途半端であり、義（朱子は「事の宜しきなり」という）を聞いてそれへの対応もできない。また不善に気付きながらも改めることができない。これらのことは自分の憂いとするところである。」〕

この意味するところは、孔子自らが、これらのことを常に自律の問題としていたものと思われる。

子曰く、道に志し、徳に據《よ》り、仁に依《よ》り、芸に游ぶ。（述而　第七）

（原文）子曰。志於道。據於徳。依於仁。游於芸。

〔孔子が言うに、「人間としての道を志して、自己の修めた徳を拠りどころとし、仁の心を忘れることなく、芸（六芸《りくげい》─礼《れい》・楽《がく》・射《しゃ》・御《ぎょ》・書《しょ》・数《すう》のこと）を教養として修めて、自身の心にゆとりの日常生活をおくる。」〕

子曰く、天徳《てん》を予《われ》に生ぜり。桓魋《かんたい》其《そ》れ予《われ》を如何《いかん》せん。（述而　第七）

（原文）子曰。天生徳於予。桓魋其如予何。

〔孔子の言うに、「私は天から徳をさずかっている者である。桓魋《かんたい》ごときに、この私をどうすることもできまい。」〕

（注：桓魋《かんたい》は桓公《かんこう》の子孫といわれ、当時、宋国《そうこく》の軍務大臣の要職についていた。『史記』の「孔子世家《こうしせいか》」の記述によると、孔子と門弟一行が宋国に旅している途中においで桓魋に意地悪された際に、孔子が門弟に発した言葉。）

「天徳を予に生ぜり」という表白には、孔子の徳が天の意志と一体となっていると理解され、天から授けられた「徳」あるいは天に認められた孔子の「徳」という認識というように類推できる。

子曰く、泰伯《たいはく》は其《そ》れ至徳《しとく》と謂《い》ふ可《べ》きのみ。三たび天下を以て譲《ゆず》り、民《たみ》得《え》て称《しょう》する無し。（泰伯　第八）

（原文）子曰。泰伯其可謂至徳已矣。三以天下譲。民無得而称焉。

〔孔子の言うに、「周の泰伯《たいはく》こそ、至徳《しとく》（最高の徳）の人というべきであろう。泰伯は天下人となる身分でありながら、何回も固辞して末弟にその地位を譲った。人々はその行為を知ることもなかった。このような泰伯のあり方こそ「至徳」といえる。」〕

舜《しゅん》に臣五人有りて、天下治まる。武王曰く、予《われ》に乱臣十人有りと。孔子曰く、才難《さいかた》しと。其《そ》れ然《しか》らずや。唐虞《とうぐ》の際《さい》は、斯《これ》より盛《さかん》なりと為《な》す。婦人有《あ》り、九人のみ。天下を三分《さんぶん》して其《そ》の二を有《たも》ち、以て殷《いん》に服事《ふくじ》す。周の徳《とく》は、其《そ》れ至徳《しとく》と謂ふ可《べ》きのみ。

（泰伯　第八）

（原文）　舜有臣五人而天下治。武王曰。予有乱臣十人。孔子曰。才難。不其然乎。唐虞之際。於斯為盛。有婦人焉。九人已。三分天下有其二。以服事殷。周之徳。其可謂至徳也已矣。

〔舜《しゅん》に五人の賢臣が仕えて、天下が良く治まった。武王《ぶおう》の言うところによると「私には天下を治める臣下が十人いる。」と。

このことについて、孔子が言うに、「社会では有能な人材を獲得することは困難であると言われているが、その通りであろう。唐虞《とうぐ》（堯《ぎょう》の国号を唐といい、舜《しゅん》の国号を虞と称した）の時代、すなわち、後世の周の武王《ぶおう》の時よりも盛んであったから、そのことは暫時おくとして、周の武王の賢臣十名の中で、婦人を含めて男はわずか九名にすぎない。有能な人材はこのように得難いものである。周はこれら、十名の賢臣の協力を得て、天下の三分の二を勢力下におさめたが、それでもなお、殷《いん》に仕えていた。
周の「徳」は、まことに「至徳」（徳の極地）といえる。」

「至徳」の例はこの箇所以外にも見られるが、ここでの表白は、周に滅せられる殷王朝であるにも拘らず、天下の三分の二を支配するにいたった周が、殷に対していまだに臣下の礼を尽くしていたという行為、現状に鑑み、周の在り方を評して「至徳」の表現を使用しているのである。すなわち易姓《えきせい》革命の中国史にあって、あえて衰亡いちじるしい殷に対する周の所為を「至徳」としていることに留意すべきと考える。

（注：本文中に「乱臣十人有り」とするは、馬融《ばゆう》の注に「乱は治なり」とあることから、漢字表記に「反訓」と称して、反対の意味を表現することがあり、当該

文では馬融の注に従っている。）

子曰く、吾れ未だ徳を好むこと色を好むが如くなる者を見《み》ざるなり。

（子罕　第九）

（原文）　子曰。吾未見好徳如好色者也。

〔孔子が言うに、「わたしはまだ徳を好むこと、色（美人）を好むようにする者を見たことがない。」〕

この文章と同じ表白を「衛霊公　第十五」に見ることができる。右の「子罕　第九」と異なるところは「子曰く、已《やん》ぬるかな」の一文が入っていることである。一般的に「已ぬるかな」（「已矣乎」）は、詠嘆の表現と理解される。

子張《しちょう》、徳を崇《たか》くし惑《まどい》を辨《べん》ぜんことを問《と》ふ。子曰く、忠信を主とし、義に徙《うつ》るは、徳を崇くするなり。之を愛しては其の生を欲し、之《これ》を悪《にく》み

ては其の死を欲す。既に其の生を欲し、また其の死を欲するは、是れ惑《まどい》なり。（顔淵　第十二）

（原文）子張問崇徳辨惑。子曰。主忠信徙義。崇徳也。愛之欲其生。悪之欲其死。既欲其生。又欲其死。是惑。

〔子張が孔子におたずねした。「惑いをどのように説明したら良いのでしょうか。」孔子が答えて言うのに、「誠の心を基本として、物事の真理に従うならば、徳が自然と身に付く。しかし、人を愛しては、その人が生き永らえんことを欲し、また逆に人を憎んでは、その人の短命を願うなどということは、人間の惑いである。」〕

（注：子張は孔子より四十八歳の年少者である。）

季康子《きこうし》、政《まつりごと》を孔子に問ひて曰く、如《も》し無道を殺して、以て有道に就《つ》かば、如何《いかん》と。孔子対《こた》へて曰く、子《し》政《まつりごと》を為《な》すに、焉《いずくん》ぞ殺《さつ》を用ひん。子《し》善《ぜん》を欲すれば民善なり。君子の徳は風なり。小人の徳は草なり。草これに風を尚《くわ》うれば必ず偃《ふ》す。（顔淵　第十二）

（原文）　季康子問政於孔子曰。殺無道。以就有道何如。孔子対曰。子為政。焉用殺。子欲善而民善矣。君子之徳風。小人之徳草。草上之風必偃。

〔季康子《きこうし》（魯《ろ》の大夫〈政治を司る立場の者〉）が政治について孔子にたずねるに、「人民の中の無道の者を殺して、有道に導いたならばいかがでしょうか。」孔子が答えるに、「政治を行うのに、人を殺す必要がありますでしょうか、もし貴男が善を求めたならば、民衆は善に向う。たとえるならば、君子の徳とは風のようなものです。それに対して、小人の徳は草のようなものです。風が草に強く吹けば、草は風に抗《あらが》うことができずに伏すことになります。」〕

（注：無道は悪人をいう。）

樊遅《はんち》従《したが》ひて舞雩《ぶう》の下に遊ぶ。曰く、敢《あえ》て徳を崇《たか》くし、慝《とく》を脩め、惑《まどい》を辨ぜんことを問ふと。子曰く、善いかな、問や。事を先《さき》にし得るを後《のち》にするは、徳を崇《たか》くするに非《あら》ずや。其の悪を攻めて、人の悪を攻むること無きは、慝を脩むるに非ずや。一朝の忿《いかり》に其の身を忘れて、以て其の親に及ぼすは、惑《まどい》に非《あら》ずや。

（顔淵　第十二）

（原文）　樊遅従遊於舞雩之下。曰。敢問崇徳修慝辨惑。子曰。善哉問。先事後得。非崇徳與。攻其悪無攻人之悪。非修慝與。一朝之忿。忘其身以及其親。非惑與。

〔樊遅《はんち》が孔子の供をして舞雩《ぶう》（雨乞い台）のもとを散歩していたときに、孔子にたずねた。「自分の徳をたかめて、心の中にある悪を除き、心の惑いを解く方法を教えて下さい。」

孔子の答えるに、「善い質問である。自分の行なわなければいけないことを先に行なう。それこそ徳をたかめることではないか。自分の悪を反省し、他者の悪をとがめ立てしないのが、己れの中に隠れている悪を除く方法ではあるまいか。一時の怒りに自己の立場を忘れ、自分のみならず、その災難を肉親にまで及ぼすなどということは惑いの甚だしいものではあるまいか。」〕

要は、日常生活において、心の中の悪気・悪態の働きを常に省みて、怒りを制禦することが「徳」を脩めることである。

子曰く、南人言《なんじんい》へること有り。曰く、人にして恒無《つねな》くんば、以て巫医《ふい》を作《な》す可《べ》からずと。善いかな。其の徳を恒《つね》にせざれば、或《あるい》は之《これ》に羞《はじ》を

承《すす》むと。子曰く、占《うらな》はざるのみと。（子路　第十三）

（原文）子曰。南人有言。曰。人而無恒。不可以作巫医。善夫。不恒其徳。或承之羞。

　子曰。不占而已矣。

〔孔子の言うに、「南方の人の諺に『恒の心がない人に対しては、巫《みこ》や、医者も手の施しようがない』とあるが、まことによい表現である。」『徳を常に心がけなければ、他人から恥を受けることが多い。』孔子の言うに、「このようなことは、易の占いを待つまでもないことである」。〕

（注：「恒」は『孟子』梁恵王上の「恒心」に近いと思量する。）

子曰く、徳有《あ》る者は、必ず言《げん》有り。言有る者は、必ずしも徳有らず。仁者は必ず勇《ゆう》有《あ》り。勇者は必ずしも仁有らず。（憲問　第十四）

（原文）子曰。有徳者必有言。有言者不必有徳。仁者必有勇。勇者不必有仁。

〔孔子の言うに、「徳の備わっている人は、必ず善言がある。しかし、善言を吐露したからといって、その人に徳が備わっているとは言い難い。何となれば、中には巧言令色という如く外を飾る人もいるからである。

　仁者には必ず勇気がある。しかし、勇者が必ずしも仁者ではない。それは人によって血気の勇もあり、人道に外れた勇もあるからだ。」」

南宮适《なんきゅうかつ》孔子に問ひて曰《いわ》く、羿《げい》、射《しゃ》を善《よ》くし、奡《ごう》、舟を盪《うご》かす。倶《とも》に其《そ》の死の然《しか》るを得ず。禹《う》・稷《しょく》躬《みずか》ら稼《か》して天下を有《たも》つと。夫子《ふうし》答へず。南宮适出づ。子曰く、君子なるかな、若《かくのごと》き人。徳を尚《たっと》ぶかな、若《かくのごと》き人と。

（憲問　第十四）

（原文）　南宮适問孔子曰。羿善射。奡盪舟。倶不得其死然。禹稷躬稼而有天下。夫子不答。南宮适出。子曰。君子哉若人。尚徳哉若人。

〔南宮适《なんきゅうかつ》（魯《ろ》の大夫）が孔子に質問した。「その昔、羿《げい》は弓の名手であり、また奡《ごう》は地上にある舟を動かすほどの大力であったが、彼らはともに非業の死をとげた。また禹《う》と稷《しょく》はともに農作業についていたにもかかわらず、天子の位に就いた。これはいかなることでしょうか。」

孔子は即答しなかった。間もなく南宮适が、その場から去った後に、孔子は「君子であるよな南宮适は、力を重んじることなく徳を遵ぶということは南宮适のような人のことである。」と称賛した。〕

子曰く、驥《き》は其《そ》の力を称《しょう》せず、其の徳を称するなり。（憲問　第十四）

（原文）子曰。驥不称其力。称其徳也。

〔孔子が言うに、「名馬というのは、ただ千里を走るという脚力を褒めるのではなく、厳しい訓練にたえて名馬になったことを徳として賛えるのである。」〕

（注：「驥《き》」は良馬のこと。冀州《きしゅう》が良馬の産地として有名であったことから驥の字が生れたとされる。）

元来、人間の評価に称される「徳」であるが、ここでは人間を驥に置き換えて、努力をした成果として表白されている。

或《ある》ひと曰く、徳《とく》を以《もっ》て怨《うらみ》に報《むく》いば、如何《いかん》と。子曰く、何《なに》を以てか徳に報いん。直《ちょく》を以て怨に報い、徳を以て徳に報いんと。（憲問　第十四）

（原文）或曰。以徳報怨何如。子曰。何以報徳。以直報怨。以徳報徳。

〔ある者が言うに「他者から失礼な仕うちをされた場合に、その怨みに対して徳をもって報いることはいかがなものでしょうか」と。

孔子が言うに、「怨みに報いるに徳をもってしたならば、徳を示された場合には、何をもって応じたら良いだろうか。怨みに対しては、公平（直）の認識のもとに正しい対処を実施する。徳に報いるには、徳をもって行うことが当然のことである」と答えた。」

（注：①『老子』第六十三章に「怨に報ゆるに徳を以てす」とある。②『論語』の憲問のこの表白について、朱子《しゅし》は「憎愛取舎」と注して、私心のないことを吐露しているという。また、何晏《かあん》は「恩恵の徳」としている。）


子曰く、由《ゆう》、徳を知る者は鮮《すくな》し。（衛霊公　第十五）

（原文）子曰。由。知徳者鮮矣。
〔孔子の言うに、「由よ（孔子の弟子の子路に対して）、世の中には、徳というものを知っている者は少ないのだよ。」〕
（注：「徳」は「得」といわれるように、人間の道を体得したことを「徳」とする。朱子の「義理の己に得たものを徳という」この意味を咀嚼すると孔子の真意がわかりやすい。）

子曰く、已《やん》ぬるかな。吾未だ徳を好むこと色を好むが如くなる者を見ざるなり。（衛霊公　第十五）

（原文）子曰。已矣乎。吾未見好徳如好色者也。

（注：この文章と同じ表白が既に（子罕　第九）に出ている。従って、ここでは解釈を割愛することにしたい。）

子曰く、巧言《こうげん》は徳を乱す。小《しょう》、忍《しの》ばざれば、則ち大謀《たいぼう》を乱す。（衛霊公　第十五）

（原文）子曰。巧言乱徳。小不忍則乱大謀。

［孔子の言うに、「巧言《こうげん》（口さきで上手を言う）は徳を乱す。小事については我慢をしないと、大きな謀りごとを整えることが出来ない。」］

（注：「学而　第一」に「巧言令色」とあり、ここでの「巧言」もまた同じ。）

孔子曰く、求《きゅう》、君子は夫《か》の之《これ》を欲《ほっ》すと曰《い》ふを舎《お》きて、必ず之が辞《じ》を為《な》すを疾《にく》む。丘《きゅう》や聞く、国を有《たも》ち家を有つ者は、寡《か》を患《うれ》へずして均《ひと》しからざるを患う。貧《ひん》を患《うれ》へずして、安からざるを患うと。蓋《けだ》し均《ひと》しければ貧《ひん》無く、和すれば寡《か》無く、安《やす》ければ傾《かたむ》くこと無し。夫《そ》れ是《かく》の如し。故に【遠人服《えんじんふく》せざれば、則ち文徳を脩《おさ》めて以《もっ》て之《これ》を来《きた》す。既《すで》に之を来せば、則ち之を安んず。】今由《ゆう》と求とや、夫子《ふうし》を相《たす》け、遠人《えんじん》服せずして、来《きた》すこと能《あた》はず。邦分崩離析《くにぶんぽうりせき》して、守《まも》ること能《あた》はず。而して干戈《かんか》を邦《ほう》内《だい》に動かさんことを謀《はか》る。吾季孫《われきそん》の憂《うれい》は、顓臾《せんゆ》に在《あ》らずして、蕭牆《しょうしょう》の内《うち》に在らんことを恐《おそ》るるなりと。

（季氏　第十六）

（原文：【　】部）遠人不服。則修文徳以来之。既来之。則安之。

『論語』の中でも極めて長文である。この引用文の前にも同程度の分量の文字数が並ぶ。【　】で括った箇所が「徳」にかかる表白であるが、孔子の政治思想を知るに都合の良い前後の文章であることに思いを致し、あえてここに引用した。

さて、【　】内の意味は、「遠方の者が帰服して来ない時には、まずは自分の領内の文化や徳の教えを振興して、相手側から慕わせるようにすべきである。その上で相手が近付いて来たならば、それらの人々に安心感を与えなさい」ということである。ここでは「文徳」の表現が際立っている。「徳」の義は人間の内面に止まるだけではなく、社会の態様にも及んでいる証左といえよう。

斉《せい》の景公《けいこう》　馬千駟《うませんし》あり。死するの日、民徳《たみとく》として称《しょう》する無《な》し。伯夷《はくい》・叔斉《しゅくせい》は、首陽《しゅよう》の下《もと》に餓《が》す。民今に到るまで之を称す。（季氏　第十六）

（原文）　斉景公有馬千駟。死之日。民無徳而称焉。伯夷叔斉餓于首陽之下。民到于今称之。

〔斉の景公は馬を四千頭飼っていたほどの財力があった。しかし、景公が死んだ時には民は誰一人として景公を有徳者と称する者がいなかった。一方において伯《は》夷《い》と叔斉《しゅくせい》は自分たちの義を貫き、首陽山の麓で餓死したが、民衆は、この二人のことを、ながく伝えて賛辞をおくっている。〕

要は「徳」とは富裕に与えられるものではなく、生き様に対する評価とする箇所といえる。

子曰く、郷原《きょうげん》は徳の賊なり。（陽貨　第十七）

（原文）子曰。郷原徳之賊也。

〔孔子の言うに、「いかにも知識人ぶって世間に媚びている者は、徳を害する存在である。」〕

（注：『孟子』尽心下に『論語』のこの箇所にふれて「故に徳の賊という」とある。「郷原《きょうげん》」とは文化教養の低い者。）

子曰く、道に聴きて塗《みち》に説くは、徳を之《こ》れ棄《す》つるなり。（陽貨　第十七）

（原文）子曰。道聴而塗説。徳之棄也。

〔孔子の言うに、「行く道の途中で核心の話を聞いて、路上で会った別の人に語るということは、自身の心で理解を深めることもないわけであるから、折角の「徳」を棄てるということである。」〕

（注：既に述べたことであるが、「徳」は「得」であるという理解に立つと、徳を自己の認識として体得することが肝要ということ。）

『論語』全篇に確認できる「徳」の字をめぐる表白は、都合二十八カ所になる。これらの全てについて一通りの整理をしたところであるが、あるいは遺漏なしとは言い難い。

『呂氏春秋』に知見する「公」と「徳」

「公徳」という熟語については、焚書《ふんしょ》の災を免れた『呂氏春秋《りょししゅんじゅう》』にも存在しない。しかるに、王公などの固有名詞を除いた「公」の使用については、『孟子』に見られる「公田」と同義語を『呂氏春秋』にたどることができる。

（注1：「焚書」学問、思想を圧迫するために書物を焼きすてること。「焚書坑儒《ふんしょこうじゅ》」秦の始皇帝（政）が民間に伝えられている医療関係・占・農業関係以外の書物を全て集めて焼きすてる（BC二一三）とともに、翌年には咸陽《かんよう》（都）で、数百人といわれる「儒者」を坑《あな》に埋めて殺したことをいう。）

（注2：『呂氏春秋』（二十六巻）『漢書《かんじょ》』（芸文志）に「呂氏春秋二十六巻」とある。この書は、秦《しん》の始皇帝の父にあたる荘襄王《そうじょう》（BC二五一〜二四九在位）の時代から始皇帝（秦王政《せい》）の初年にかけて、秦の宰相として秦に君臨した「呂不韋《りょふい》」（？〜BC二三五）が、多くの学者、知識人を動員して編纂させた書である。呂不韋

は『史記』（司馬遷〈BC一四五頃～八六頃〉）によれば大商人であったという。彼が秦の宰相となった経緯には諸説があるが、彼に仕えた女性との間に生れたのが、後の秦の始皇帝となる政であったことが、結果として呂不韋の失脚につながり、最終的に毒杯を仰いで自死している。）

后妃《こうひ》は九嬪《きゅうひん》を率《ひき》ゐて郊に蚕《さん》し、公田に桑《そう》す。　（巻二十六　士容論　上農）

（原文）　后妃率九嬪蚕於郊。桑於公田。

〔后妃は九嬪（天子に仕える妾）をひきいて郊外で養蚕の仕事に従事して、公田（井田の中央に位置する公有の田）で桑の葉を収穫（摘）した。〕

とある。

さらに、「公法」については、

任《にん》ずるに公法を以てして処《お》るに貪枉《たんおう》を以てし、　（巻十七　審分覧　審分）

（原文）　任以公法而処以貪枉。

〔国法を任せられる人として任用したが、私欲により法を枉《ま》げる者を任用してしまった。〕

と見える。

また同じく、

私義《しぎ》少《すく》なければ則ち公法立ち、力専一なり。（巻二十六　士容論　上農）

（原文）少私義則公法立。力専一。

〔私的にたくらむことが少なければ、公の法は守られ、君主の権力は専一となる。〕

と知見する。

わけても、「公」について『呂氏春秋』に引用された『書経《しょきょう》』の一文は注目に値しよう。

昔先聖王の天下を治むるや、必ず公を先《さき》にす。公なれば則ち天下平《たい》らかなり。平らかなるは公より得。嘗試《こころみ》に上志を観るに、天下を得ること有る者衆《おお》し。其の之を得るは必ず公を以てし、其の之を失ふは必ず偏を以てす。凡そ主の立つや、公より生ず。故に鴻範《こうはん》に曰く、「偏《へん》する無く党《とう》する無く、王道蕩蕩《とうとう》たり。偏する無く頗《は》する無く、王の義に遵《したが》へ。好《こう》を作《な》すこと或《あ》る無く、王の道に遵《したが》へ。悪を作《な》すこと或る無く、王の路に遵へ」と。天下は一人の天下に非ざるなり。天下の天下なり。陰陽の和は、一類を長ぜず。甘露時雨は、一物に私せず。萬民の主は、一人に阿《おもね》らず。

（巻一　孟春紀　貴公）

（原文）　昔先聖王之治天下也。必先公。公則天下平矣。平得於公。嘗試觀於上志。有得天下者衆矣。其得之以公。其失之必以偏。凡主之立也。生於公。故鴻範曰。無偏無党。王道蕩蕩。無偏無頗。遵王之義。無或作好。遵王之道。無或作悪。遵王之路。天下非一人之天下也。天下之天下也。陰陽之和。不長一類。甘露時雨。不私一物。萬民之主。不阿一人。

〔昔、聖王が天下を治める折りには、必ず公正ということを先に考えた。公正であれば天下は太平である。まさに天下の太平とは君主の公正が基本である。例えば古い時代の記録を見ると、天下に君臨した者は多数いるが、その要点は公正を旨としている。逆に天下を失う者は、必ず私事に偏《かたよ》ることによって天下を失っている。

すべからく、君主が天下を治めうるのは、公正による。そこで古典の「洪範《こうはん》」には「偏《かたよ》ることなく、私事に流されることなく、王道は坦々《たんたん》としている。偏ることなく、また邪なく、王の法則に従い、私的な好みではなく、王の道に従い、私の憎しみにまどわされることなく、王の道に従うべきである」と。

まさに、天下は一人の天下ではない。天下の天下である。陰陽の和気は一種類のものだけを育てるのではない。恵みの露や時節の雨は一物だけに降るのではない。

万民の主たる者は一人だけの側に立つものではない。〕

ここにあえて長文を引用した理由は、中国の古典に知見する「公」と「政治《まつりごと》」との理想とする相関性が見事なまでに表白されていることにつきる。

「徳」については、公の使用に較べて頻度が高い。以下のような用例がある。

寛裕和平にして、徳を行ひ刑を去る。（巻六　季夏紀　音律）

（原文）　寛裕和平。行徳去刑。

〔心が広くゆったりして、徳政を行ない刑罰を行わない。〕

徳を知りて知を忘るれば、乃《すなわ》ち大いに知を得るなり、夫《そ》れ其《そ》れ徳とするにあらずや。（巻十七　審分覧　審分）

（原文）　知徳忘知。乃大得知也。夫其非徳也。

〔徳によることを知って、知を忘れたならば、まことの知を得ることができる。それこそ有徳といえるのではなかろうか。〕

天を以て法と為し、徳を以て行ひと為し、道を以て宗と為す。（巻十五　慎大覧　下賢）

（原文）　以天為法。以徳為行。以道為宗。

〔偏することのない天を法とし、人間の徳を行いの基本とし、道をすべての基本とする。〕

富貴にも就《つ》かずして貧賤にも塌《さ》らず、徳行尊理にして巧衛を用ひるを羞《は》ぢ、寛裕訾《そし》らずして中心甚だ厲《れい》に、動かすに物を以てし難くして必ず妄折《もうせつ》せず。此れ国士の容なり。（巻二十六　士容論　士容）

（原文）　富貴弗就而貧賤弗塌。徳行尊理而羞用巧衛。寛裕不訾而中心甚厲。難動以物而必不妄折。此国士之容也。

〔富貴を求めず、貧賤をいとうこともなく、ひたすら徳行につとめ道理に従って、小賢しいたくらみを用いることを羞《は》じ、寛容で他者の悪口をいうことがないが、自己には厳格である。周囲のできごとにも心を動かされることなく、節を曲げることがない。これが国士の姿である。〕

さらに、

三苗《さんびょう》服せず、禹之《うこれ》を攻めんことを請ふ。舜《しゅん》曰く、「徳を以てすれば可なり」と。徳を行ふこと三年にして、三苗服す。孔子之《これ》を聞いて曰く、「徳の情に通ずれば、則ち孟門《もうもん》・太行《たいこう》も険と為さず。故に曰く、『徳の速《すみや》かなることは、郵《ゆう》を以て命に伝うるよりも疾《すみや》かなり』と。周の明堂《めいどう》、金は其の後に在り、また以て徳を先にして武を後にすることを見《しめ》すなり。」

（巻十九　離俗覧　上徳）

（原文）　三苗不服。禹請攻之。舜曰。以徳可也。行徳三年。而三苗服。孔子聞之曰。通乎徳之情。則孟門太行不為険矣。故曰。徳之速。疾乎以郵伝命。周明堂。金在其後。有以見先徳後武也。

〔三苗《さんびょう》（太古の昔の部族の名）が舜《しゅん》の政治に従わないので、禹《う》（舜の後継者）が三苗を征伐することを舜に願い出た。舜は「三苗を伐つのではなく、徳によって教化すれば良い」と指示した。禹は舜の命に従い徳政を行ったところ、三年にして三苗が服従してきた。

後世、孔子はこのことを聞いて、徳の真意に通じたならば険しい関門である孟門《もうもん》、さらには険しい山道である太行山《たいこうさん》を越えることもできるものである。まさに徳が伝わる（徳化）ことの速さは、郵《ゆう》（昔、文書や命令などを伝達する人馬の発着所）で命令を伝えるよりも速いものだ。

周の明堂（昔、天子が巡狩するとき、諸侯を集めた殿堂の名）では、武具類（諸説あり）は明堂《めいどう》の後方に置き、武力よりも徳を前面に意識づけたことを示しているのである。」

福澤諭吉の「智徳」と「公徳」論

福澤諭吉（一八三四〜一九〇二）の「公徳」にかかわる表白は、かの『文明論之概略』に窺知できる。中でも、「公徳」について多用される箇所は「巻之三」（第六章智徳の弁）である。

『文明論之概略』は、「文明論とは、人の精神発達の議論なり」の書き出しに始まり、緒言から巻之一・巻之二・巻之三・巻之四・巻之五・巻之六まで続く。起稿された時期は、緒言の末記に、

この書を著わすに当り、往往《おうおう》社友に謀《はかっ》て、あるいはその所見を問い、あるいはそのかつて読《よみ》たる書中の議論を聞て益《えき》を得ること少なからず。

就中《なかんずく》、小幡篤次郎君へは、特にその閲見《えつけん》を煩《わずら》わして正删《せいさん》を乞《こ》い、頗《すこぶ》る理論の品価を増《まし》たるもの多し。明治八年三月二十五日、福澤諭吉記

（『文明論之概略』緒言〈慶應義塾編纂『福澤諭吉全集』第四巻　六頁〉以降に参照する『文明論之概略』からの引用は、同書を底本とする。なお、新字・新仮名遣いに改めた。）

と吐露していることから、明治八年（一八七五）三月頃と思われる。

「公徳」の表白は、『文明論之概略』（第六章　智徳の弁）に七カ所の使用が確認できる。その表白について、動機となると考えられる箇所について窺うと、

徳とは徳義ということにて、西洋の語にてモラルという。モラルとは心の行儀ということなり。（同右　八三頁）

と説く。さらに、

この徳義にも智恵にも各《おのおの》二様の別ありて、第一、貞実、潔白、謙遜、律義等の如き、一心の内に属するものを私徳《しとく》といい、第二、廉恥《れんち》、公平、正中、勇強等の如き、外物に接して人間の交際上に見《あら》わるる所の働《はたらき》を公徳《こうとく》と名《なづ》く。また第三に、物の理を究めてこれに応ずるの働を私智と名け、第四に、人事の軽重大小を分別し、軽小を後にして重大を先にし、その時節と場所とを察するの働を公智という。故に私智、あるいはこれを工夫の小智というも可なり。公智、あるいはこれを聡明の大智というも可なり。

(同右　八三頁)

と吐露する。

福澤は、これらの内で最も重要視するものとして、「大智」を定理する。加えて、古《いにしえ》より明らかにこの四箇条の目を掲げて論じたるものなしといえども

(同右　八三頁)

と表白する。

すなわち、以上の論を類推すれば、「私徳私智」「公徳公智」の熟語については、彼自身が古典からの引用ではないことを吐露しているものと考えられる。

つづいて福澤は、古典『孟子』の「四端説」の引用に及ぶ。すなわち、

孟子に惻隠、羞悪、辞譲、是非は人心の四端なり、これを拡るときは、火の始めて燃え、泉の始て達するが如く、よくこれを充れば四海を保つべく、これを充たざれば父母に事うるに足ずとあり。（同右　八四頁）

と記す。

この『孟子』（告子）の引用部分は、孟軻の哲学のうちの「四端説」を示す全容である。

福澤は、この『孟子』の「四端説」について次の如くまとめる。すなわち、

けだし私徳を拡《おしひろめ》て公徳に至るの意ならん。　（同右　八四頁）

と。福澤は概して儒学については、距離を置いていたが、少なくとも「公徳」にかかわる説明について『孟子』（告子）の「四端説」に、その論拠の一端を期待していたものと思量する。

『文明論之概略』（「智徳の弁」）に知見する「公徳」について、七カ所の記述のうち、三カ所の事例を示した。以下、「公徳」にかかわる表白について列記する。

俗間の談に、某は世間に推出して、申分なき人物、公用向には最上なれども、一身の行状に至りては言語同断なりということあり。仏蘭西の宰相リセウスの如き、これなり。けだし公智公徳に欠点なくして、私徳に乏しきの謂なり。　（同右　八四頁）

蓋し古来我国の人心に於て徳義と称するものは、専ら一人の私徳のみに名を下したる文字にて、その考のある所を察するに、古書に温良恭謙譲といい、無為にして治《おさま》るといい、聖人に夢なしといい、君子盛徳の士は愚なるが如しといい、仁者は山の如しというなど、都《すべ》てこれらの趣を以て本旨と為し、結局、外に見わるる働きよりも内に存するものを徳義と名《なづく》るのみにて、我より働くにはあらずして、物に対して受身の姿と為り、私心を放解するの一事を以て、要領と為すが如し。

（同右　八五頁）

（注：先の『孟子』の引用に続いて、当該箇所には、多様な漢籍からの引用が確認できる。因みに、一九九五年二月に上梓された松沢弘陽氏校注による『文明論之概略』の注には、『後漢書』、『論語』、『荘子《そうじ》』、『淮南子《えなんじ》』、『史記』などからの引用を傍証して解説が施されている。）

一般の人心に拠るときは徳の字の義は甚だ狭くして、いわゆる聡明叡知等の働はこの字義の中に含有することなし。（略）世俗にて、無欲なる山寺の老僧を見れば、これを高徳なる上人と尊崇すといえども、世に窮理、経済、理論等の学問に長ずる人物あれば、これを徳行の君子といわずして、才子または智者と称すること必定なり。（略）古今の人物が大事業を成す者あれば、これを英雄豪傑として称誉するといえども、その人の徳義に就きて称する所は、ただ私徳の一事にあるのみにて、公徳の更に貴ぶべきものは、かえってこれを徳義の条目に加えずして、往々忘るることあるが如し。世人の解す所に徳の字の義の狭きこと、以て見るべし。

（同右　八五頁〜八六頁）

（注：引用文中の圏点は筆者の付けたものであり、原文とは異なる。）

有徳の君子は、独り家にいて黙座するも、これを悪人というべからずといえども、智者もし無為にして外物に接することなくば、これを愚者と名《なづく》るも可なり。

（同右　八九頁）

昨日の愚者は今日の智者と為りて、世界中に幾千万のワット、スミスを生ずべし。その伝習の速にして、その行わるる所の領分の広きは、彼《か》の一人の徳義を以て家族朋友に忠告するの類にあらず。

（同右　九〇頁）

或人いわく（云く）、「トウマス・クラルクソン」が一心を以て世に売奴の悪法を除き、ジョン・ホワルドが勉強に由《より》て獄屋の弊風を一掃したるは、徳義の働なれば、その功徳の及ぶ所、また洪大無量といわざるを得ずと。答ていわく、誠に然り、この二士は私徳を拡て公徳と為し、その功徳を洪大無量ならしめたるものなり。けだし二士が事を施すに当て、千辛万苦を憚らずして工夫を運らし、あるいは書を著わし、あるいは財を散じ、難を凌《しの》ぎ危を冒して、世間の人心を動かし、遂によくその大業を成したるは、直《ただち》に私徳の功にあらず、いわゆる聡明叡知の働と称すべきものなり。（略）

（同右　九〇頁）

今ここに仁人ありて、孺子の井に入るを見てこれを救わんがために共に身を失うも、ジョン・ホワルドが数万の人を救うて遂に身を殺したるも、その惻隠の心を比較すればいずれか深浅の別あるべからず。ただ彼は一孺子のためにし、此は数万人のためにし、彼は一時の功徳を施し、此は万代に功徳を遺すの相違あるのみ。身を致すの一段に至ては、此と彼との間に徳義の軽重あることなし。その数万の人を救い、万代の後に功業を遺したるは、ホワルドが聡明叡知の働に由てその私徳を大《おおい》に用い、以て功徳の及ぶ所を広く為したるものなり。故にこの仁人は、私徳を有して公徳公智に乏しき者なり。(同右　九〇頁~九一頁)

(注：トウマス・クラルクソン(一七六〇~一八四六)奴隷売買の廃止に貢献。ジョン・ホワルド(一七二六~一七九〇)監獄改良に貢献。「仁人」とは、福澤が譬え話として、引用している『孟子』(告子)の「四端説」を具現化する人物を、あえて「仁人」と呼称しているものと思量する。理由は、『孟子』の希求する理想の人間像は「仁」を慮る者であるとの認識であろう。学説としては、事実そのとおりである。)

福澤諭吉の言わんとする徳の定義は、「私徳」に対して「公徳」の優位性、さらに「私智」に対して「公智」の卓越性を説くものである。

徳義は智恵の働に従て、その領分を弘めその光を発するものなり。

（同右　九一頁〜九二頁）

徳と智の関係を極めて明瞭に示している。すなわち、徳の意味（概念）は、個々人間の智恵（智力）いかんによるものであり、徳の概念も、智力の働きによって人間の所為として発揚されるということを言う。さらに、「徳義」は、古来から進歩するものではない、とまで定義する。すなわち、

宋儒盛《さかん》なりといえども、五倫を変じて六倫と為すを得ず。徳義の箇条の少なくして変革すべからざるの明証なり。古の聖人は、この箇条を悉《ことごと》く身に行うたるのみならず、人にも教えたることなれば、後世の人

物、如何に勉励苦心するも、決してその右に出ずべきの理なし。これを譬《たと》えば、聖人は雪を白しといい炭を黒しというたるが如し。後人これを如何すべきや。徳義の道に就ては、あたかも古人に専売の権を占められ、後世の人はただ仲買の事を為すより他に手段あることなし。これ即ち耶蘇孔子の後に聖人なき所以なり。故に徳義の事は、後世に至りて進歩すべからず。開闢の初めの徳も今日の徳も、その性質に異同あることなし。（同右　九二頁）

以上の如く「徳」の進歩性を否定する反面において、「智恵」の進化に及んでいる。すなわち、

智恵は則ち然らず。古人一を知れば、今人は百を知り、古人の恐るる所のものは、今人はこれを侮《あなど》り、古人の怪む所のものは、今人はこれを笑い、智恵の箇条の日に増加して、その発明の多きは、古来枚挙に

遑《いとま》あらず、今後の進歩もまた測るべからず。（中略）故に智恵を以て論ずれば、古代の聖賢は今の三歳の童子に等しきものなり。

（同右　九二頁〜九三頁）

福澤の「徳義」批判の事例は、かの唐宋八家の一人である韓愈《かんゆ》（字《あざな》は退之　七六八〜八二四）までも「偽君子」として俎上にあげる。韓愈は、福澤がしばしば論及する『孟子』の顕彰に功績のある人物である。

韓退之が仏骨の表を奉《たてまつり》て天子を諫めたるは、如何にも忠臣らしく、潮州に貶せられたる時には、詩など作て忠憤の気を洩しながら、その後、遠方より都の権門へ手紙を遣りて、きたなくも再び出仕を歎願したるは、これこそ偽君子の張本なれ。（略）巧言令色、錢を貪る者は、論語を講ずる人の内にあり。無智を欺き小弱を嚇《おど》し、名利を併せて両《ふたつ》ながらこれを取らんとする者は、耶蘇の正教を奉ずる西洋人の内にあり。

（略）畢竟《ひっきょう》徳義の働は、以て人を制すべからざるの明証なり。（略）

（同右　九四頁）

智恵は則ち然らず。世上に智恵の分量饒多なれば、教えずして互にこれを習い、自から人を化して智恵の域に入らしむること、なおかの徳義の風化に異ならずといえども智恵の力は必ずしも風化のみにて藉《よ》てその働を伸《のぶ》るものにあらず。智恵はこれを学ぶに形を以てして、明にその痕跡を見るべし。（略）医術の巧拙は、病人の治不治を見て知るべし。経済学の巧拙は、家の貧富に由《より》て証すべし。かくの如く一々証拠を見て、その術を得たると否とを糺《ただ》す、これを智術有形の試験法という。故に智恵の事に就ては、外見を飾て世間を欺くの術なし。不徳者は装うて有徳者の外見を示すべしといえども、愚者は装うて智者の真似を為すべからず。これ即ち世に偽君子多くして偽智者少なき由縁なり。

（同右　九五頁）

福澤諭吉は、道義、心術について、「一心の工夫」の成果を言う。若年時に遊冶放蕩に身を置いた者でも、心術を改め、前日の非を悔悟し、謹慎勉強して人生を終えるならば、その者の人生は、前後二段に分れる。これらのことは、心事を改めたのではなく、「心の工夫」によって改心したのである、という。（同右　九七頁）

加えて、心の工夫の実例として、熊谷直実の故事をあげ、一心の工夫（考え）は、徳と不徳との間に髪を容れる余地のないことを言う。（同右　九七頁「熊谷直実が敦盛を討て仏に帰し、ある猟師が子を孕たる猿を撃て生涯、猟を止めたりというも、この類なるべし。熊谷も仏に帰すれば則ち念仏行者にて、旧の荒武者にあらず。」）

また、人間の智恵の問題と心性の教えについて、心性の教えは道具の発明に劣ることを指摘する。すなわち、

孟子は浩然の気といい、宋儒の説には一旦豁然として通ずるといい、禅家には悟道ということあれども、皆これ無形の心に無形の事を工夫するのみにて、その実跡を見るべからず。智恵の領分に於ては、一旦

豁然としてこれを悟り、その功用の盛なること、かの浩然の気の如きものあるべからず。ワットが蒸気機関を発明し、アダム・スミスが経済論を首唱したるも、黙居独生、一旦豁然として悟道したるにあらず。積年有形の理学を研究して、その功績漸く事実に顕われたるものなり。達磨大師をして面壁九十年ならしむるも、蒸気電信の発明はあるべからず。今の古学者流をして和漢の経書万巻を読ましめ、無形の恩威を以て下民を御するの妙法を工夫せしむるも、方今の世界に行わるる治国経済の門には遽《にわか》に達すべからず。故にいわく、智恵は学て進むべし、学ばざれば進むべからず。既に学てこれを得れば、また退くことあるべからず。徳義は教え難くまた学び難し、あるいは一心の工夫にて頓《とみ》に進退することもあるものなり。（同右　九八頁）

「徳」に直接関係する箇所ではないが、間接的な問題として、福澤諭吉の指摘する「文明の人」や「開化の人」とは、『古事記』あるいは中国の古典である五経（詩・

書・礼・楽・易）を暗誦して忠義修身の道を学ぶけれども食生活を守る智恵もなく、肉体五官の情欲を抑圧しつつ艱苦に堪えることは可能でも、世界の情況を理解できない様な者を云うのではない、（同右　九九頁「古事記五経を暗誦して忠義修身の道を学び糊口の方法を知らざる者あらば、之を開化の人と云ふ可きや」）と断言する。

ここでは、まさに「文明開化」にふさわしい在り方としての人間像を見事なまでに喝破している。しかし、福澤諭吉は、「公徳」について、その理念を認めつつも、なおかつ「智徳」ありきの極めて強い意志を示していることに留意すべきであろう。

また、「徳行」に定義して、「受身の私徳」と吐露する。すなわち、

いわゆる徳行とは（略）ただ受身の私徳にて、その結局は身の私慾を去り、財を愛《おし》まず名を貪らず、盗むことなく詐ることなく、精心を潔白にして、誠のためには一命をも抛《なげう》つものを、指していうことなれば、即ち忍難の心なり、（同右　一〇一頁～一〇二頁）

という。

さらに、「無智の徳義は無徳に均しい」（同右　一〇三頁「徳は智に依り、智は徳に依り、無智の徳義は無徳に均しきなり」）とまで断言し、「徳は智に依り、智は徳に依る」と徳と智との相関性を主張する。

さらに、「智徳の弁」の大成ともいうべき表白に、徳川家康を登場させる。すなわち、家康は三百年間の太平を創出した人物としながら、「此人の一身に就き其徳義を察すれば、人に恥づ可きもの少なからず。」（同右　一一二頁）という。人に恥ずべき事例として、豊臣秀吉の遺言に反して秀頼を輔けなかったこと、さらには大阪の勢力を倒したことなどについて、家康には徳義が無いと断じる一方において、家康の功績について、

干戈を止め人民の殺戮を少なくしたるは何ぞや。（略）必竟此輩の英雄は、或は私徳に缺典ありと雖も、聡明叡知の働を以て善の大なるもの

を成したる人物と云う可し。（略）徳義は一人の行状にて其功能の及ぶ所狭く、智恵は人に伝えること速にして其及ぶ所広し、徳義の事は開闢の初より既に定て進歩す可らず、智恵の働は日に進て際限あることなし、徳義は有形の術を以て人に教ゆ可らず、之を得ると否とは人々の工夫に在り、智恵は之に反して人の智恵を糺すに試験の法あり、徳義は頓に進退することあり、智恵は一度び之を得て失うことなし。

（同右　一一二頁）

と、吐露する。

福澤翁は『文明論之概略』巻之三を擱筆するにあたり、

人の精神の発達するは限あることなし、造化の仕掛には定則あらざるはなし。無限の精神を以て有定の理を窮め、遂には有形無形の別なく、天地間の事物を悉皆人の精神の内に包羅して洩すものなきに至る可し。

この一段に至ては何ぞ又区々の智徳を弁じて其の界を争うに足らん。恰も人天並立の有様なり。天下後世必ず其日ある可し。（同右　一一四頁）

と述べている。

【参考文献】

『文明論之概略』（『福澤諭吉全集』第四巻）
慶應義塾編纂　岩波書店　昭和三四年六月一日発行
『文明論之概略』（福澤諭吉著　松沢弘陽校注）
岩波書店　平成七年三月一六日第一刷発行

朱子学をこえた日本

黄河文明の誇る宋学《そうがく》の体系者、朱子《しゅし》（一一三〇〜一二〇〇）はその思想展開の中で、国の存在を「正統」と「僭統《せんとう》」、さらに「無統」の三類に分けている。

周知のごとく、中国は易姓革命《えきせいかくめい》（姓を易《か》え命を革《あらた》む。王朝の交替。中国において、ある姓の天子が廃され、別の姓の者が天子の位につき新王朝を開くこと。）の国である。しかもその歴史は、必ずしも漢民族のみが為政者たり得たわけではない。まさに中国史は一治一乱の繰り返しである。

さて、この中国には二千五百年余にわたり中国的世界観、あるいは秩序論とも称すべき思想を支え続けてきた文献がある。その原型をなすのが『春秋《しゅんじゅう》』である。この書は、隠《いん》公から哀《あい》公までの十二代二百四十二年間（BC七二二〜BC四七九）の魯《ろ》国の歴史を記したもので、孔子（ＢＣ五五二～ＢＣ四七九）が筆削を加えたとされ、五経の一つに数えられる。

『春秋』の研究は、現代においても不詳の部分もあり、一概に論断することは許されない。だが、二千数百年間の研究の蓄積によって、孔子の『春秋』は、孔子が自己の倫理観、政治的精神を伝えるために、「一字褒貶」、「微言大義」の記述方法により、わずか一字に是非の評価を託し、微妙な表現に重大な道理を説くといった手法が用いられていると考えられている。

このような孔子のいわゆる『春秋』は、孟軻《もうか》（孟子　ＢＣ三七二～ＢＣ二八九）の『孟子』によって、その隠された精神が明らかにされたこと（拙稿「『孟子』の「春秋　天子之事也」に就いて」〈『日本中国学会報』第三十八集　一七頁～三一頁〉）により、『春秋』の解説書が作られることになった。すなわち『春秋公羊伝《くようでん》』『春秋穀梁伝《こくりょうでん》』『春秋左氏伝《さしでん》』の三伝は、その代表的なものである。

この『春秋』が中国史における重大な転換期になると、その時々の情況に応じて、尊王攘夷の理念の書となり、さらには歴史変転に理論の提供をしている。

日本のような皇統の伝統を持たない中国にあっては、一治一乱、易姓革命の続く不安定な社会に、倫理的、政治的な理想の理念を継承させる役割を果たしていたものと考えられる。

朱子が孔子、孟子思想哲学の後継者として活躍した当時の中国社会は、首都開封《かいほう》に侵入した女真《じょしん》族のために、北宋八代目の皇帝、徽宗《きそう》（一〇八二～一一三五）をはじめ皇后、太子、親王、帝姫のほか、皇族、百官三千人が遥か北方の金の領内に劫質《きょうち》されている。漢民族にとってはまさに屈辱の歴史として、「靖康《せいこう》の変」あるいは「靖康の悲劇」（拙著『李綱文集』〈中国古典新書続編　明徳出版社〉）と称される時代の直後である。

靖康の変を体験した知識人の中に胡安国《こあんこく》（一〇七四～一一三八）がいる。胡安国は『春秋胡氏伝』を上梓し、異民族金に侵略された祖国への憂国の思いを記している。

若干、時代を遅れて世に出た朱子は、胡安国の『胡氏春秋』について、所謂《いわゆる》、かの文定（胡安国のこと）には固《もと》より改むべからざるものあり。君父を遵《たっと》び、夷狄を攘《はら》ひ、乱臣を討ち、賊子を誅するの大倫大法の如きは、聖賢また出づと雖《いえど》も、改むること能《あた》はざるなり。（『朱子文集』三十）

と極めて高く評価している。

ここで朱子自身は、このような混乱期の中国にあって、孔子の『春秋』をどのように見ていたのであろうか。

『朱子語類』に窺見するところに、

春秋はすなはち、これ王を尊び、伯を賤《いや》しみ、中国を内にして夷狄を外にし、君臣上下の分を明らかにす。（六十七）

さらに、

春秋の大指、その見るべきものは、乱臣を誅《ちゅう》し、賊子《ぞくし》を討ち、中国を内にして夷狄《いてき》を外にし、王を貴《とうと》び伯を賤《いや》しむのみ。（八十三）

と表白している。（拙稿「宋学と日本儒学―形態と思想―」〈『中国における形と心』大東文化大学創立八十周年記念シンポジウム　大東文化大学刊〉）

夷狄「金」に侵略を許した宋のありさまに鑑みて、国情の回復の理念を『春秋』に期待している。

また、後世、清朝末期に康有為《こうゆうい》（一八五八〜一九二七）が『春秋公羊伝《くよう》』の思想を歴史転換のエネルギーとして重視したことと考え合わせると、『春秋』学と中国政治学とのかかわりが類推されよう。

朱子の国家観、排外思想、愛国への思いを『春秋』思想の中にたどることができたが、朱子の学問は、孔子以来の儒学思想に、老荘、仏教などの思惟を吸収し、全ての事象を「理」と「気」、「形而上」と「形而下」に収斂する哲学である。

その学問の影響は、中国においては科挙《かきょ》（官吏登用試験）の基準に用いられるなど計り知れない。また近隣の李氏朝鮮（一三九二～一九一〇）においては、およそ五百年間にわたり、朱子学の影響は仏教を含めて、全ての宗教、思想をも凌駕するものであった。

これほどに朝鮮半島が絶対的ともいえる影響を受けた理由は、李氏朝鮮にとって朱子学の論理が比較的受容しやすかったことと、地政学的に「慕華思想」の強いこともあったものと考えられる。

このような李氏朝鮮の五百年間が、朱子学に対して受動的かつ隷属的であったのに較べて、日本は能動的に対処していた。従って、日本における儒学の展開は、件の朱子学のみならず、陽明《ようめい》学、古学、古義《こぎ》学、折衷《せっちゅう》学などの学問的な広がりを見せている。

これら日本における広汎にわたる学問の展開とその実体は、その後に訪れる西洋学の受容を極めて容易にする知的土壌を備えていたことの証左といえよう。

これらの論述は、漢字文化圏内において、国民性の異質が存在することの顕在として、「公徳」意識に乖離を認める著者の論拠の一端を示している。

国史の「公」秩序と朱熹

朱熹《しゅき》（朱子　一一三〇〜一二〇〇）の著に『資治通鑑綱目《しじつがんこうもく》』（五十九巻）がある。（以下、通鑑綱目）この書は、司馬光《しばこう》（温公《おんこう》　一〇一九〜一〇八六）の『資治通鑑《しじつがん》』をもとに、綱と目（「綱」は網のおおづな、「目」は網の目の意。分類上の大きな区分と小さな区分。綱は朱子が大別した重要事項、目は門人の趙師淵《ちょうしえん》が綱に付した詳しい注）を加えたものである。

内容は中国古代の周王朝の威烈《いれつ》王の二十三年（BC四〇三）から後周世宗の顕徳《けんとく》六年（九五九）までの千三百六十二年間に及ぶ歴史を記しているが、孔子（BC五五二〜BC四七九）の『春秋』の褒貶《ほうへん》の意を遵守し、名分《めいぶん》を正すことに力点を置いている。

因みに、『通鑑綱目』は、日本には宋学の伝来とともに後醍醐天皇の時代に顕在化し、北畠親房の『神皇正統記《じんのうしょうとうき》』に重要な影響を与えているといわれる。

尹起莘《いんきしん》（不詳）は『通鑑綱目発明序』に、

是《こ》の書の作らる、其の大経大法《たいけいたいほう》は君父《くんぷ》を尊《たっと》んで乱賊《らんぞく》を討《う》ち、正統を崇《たっと》んで僭偽《せんぎ》を抑《おさ》ふ。

〔この書が書かれたのは、人がふみおこなうべき道、重要なおきては、天子を尊崇して世を乱す悪人を討ち、正統を尊重して分を超え名を偽ることを防ぐことにある。〕

という。

この見解のごとく、朱熹の『通鑑綱目』の意図は、司馬光の『資治通鑑』に、孔子の『春秋』に類似した国体思想としての生命を宿すことにあったと考えられる。従って、後世にあっては朱熹の『通鑑綱目』をして、『続春秋』と称せらるる所以も、かかる経緯を物語るものであろう。

さて、『通鑑綱目』に見られる朱子の「正統論」は、国家という形態のもとに、伝統を尊重する為政者（天子）が四方（天下）を治めることである。

朱子以前の事例としては、唐の太宗《たいそう》の命による『南北朝史』など、数の少ない前例を別にして、三国時代の「魏《ぎ》」を正統国と定め、「蜀《しょく》」と「呉《ご》」は正統にあらずとする通説が流布されていたが、朱子は漢の道統を継承する国は、小国なりと雖も「蜀」であると断定している。

朱子の言う国家資格の条件とは、「道統」の継承ということである。かかる理念の基盤に、孔子の『春秋』の精神がかかわりあるものと思量する。

朱熹は、この関連として、正統に相反する国の存在として、「僣統《せんとう》」と「僣国《せんこく》」の表現を用いている。すなわち「僣統」とは、乱に乗じて簒奪《さんだつ》の地位を得た者、そしてその国を「僣統」あるいは「僣国」と表現する。天子の位を奪い、正統を侵し、歴史を尊重することのない異端をいう。一治一乱、不連続の国家観、易姓革命の国と称される中にありながら、「蜀」を中国国家史の正統と位置づけた朱熹の国家秩序観は、興味のあるところではある。

わたくしは、日本の皇統の連続性に較べて、中国の易姓革命という非連続的社会では、「公徳」という定理をともなう社会性、もしくは国民性の定着に困難があったものと思量している。

なぜ「公徳心」なのか

人間はなぜ争うのか。人間社会に定められた公約、あるいは国と国との約束ごとでも、国家間では国のリーダーの判断や統率力の不足によって、他の国々との約束も反故になることもある。

そのような場合は、国と国との争いということが表面化する。国連がそれらの争いを調整、もしくは調停できるかというと、その保証はない。

このような不確実さを証明しているのが現在の国際情勢であるといえよう。

この、アジア地域をとっても現実に、国際裁判所の決定をも無視し、自己都合（核心的利益）による領土論を展開する国も存在する。

国際紛争の混乱期に乗じた領土への侵略と占拠などは、「公徳心」が欠落した所為であり、それらの国は、覇権主義国家と指摘されるたぐいである。「公徳」の意識と行為には、勝者、敗者などという立ち位置による上下はない。「公徳」の理念については、小著の中にさまざまな事例を扱い、「公徳」の理解につとめている。

さりながら、「公徳心」について、ご理解いただけない向きも皆無とはいい難いところから、若干の紙幅を割き、「公徳」の啓蒙に資することにしたい。

まずは「公徳」という表現の理解を困難にしているのは、小著の中で扱っている諸々の事例にも見られるごとく、「徳」の前に「公」が付いていることによって、「公徳」が特別な漢語と思われていることである。

しかし、別頁で紹介しているように、「公徳」という表現は、日本の国民性に定着した倫理用語であるということである。蠟山政道《ろうやままさみち》の学生向けの啓蒙書『教養としての社会学』（一九四〇）に使用されている「公徳心」とは、ことさらに語句解釈を必要としない倫理観を示す言語として使用していると、考えるのが妥当であろう。

その意味で、あえて英語訳にこだわることなく、「kotokushin」（公徳心）と表現するのが良いと考える。

日本語が国際語として定着している事例は、reiki（霊気）、zen（禅）、shinto（神道）、KOBAN（交番）、judo（柔道）、ekiden（駅伝）、sumo（相撲）、origami（折り紙）、kabuki（歌舞伎）、aikido（合気道）など数多く存在していることから、「公徳心」もそれで良いと思う。

世界の国々によっては、公衆道徳ということばですら、社会体制、宗教観といった相違によって、必ずしもわたくしたちの理解する「公衆道徳」の意味をさすのではない。

『広辞苑』第五版（岩波書店）に見られる「こう‐とく」（公徳）は、「社会生活の中で守るべき道徳。」（公徳心）は、「公徳を重んずる精神。」とある。

何事においても英語訳を必要とする場合と異なり、日本人の精神性、あるいは「公・私」観の意識は、他の国々とは異なる歴史的な状況の中で「公徳」「公徳心」についても、まさに日本人社会の中で育くまれた、独自の言語表現と考えている。

この認識を共有していただくために、あるいは、一定のご理解をいただくために、国の内外に「公徳心」の発露と考えられる事例をひもときながら、更に稿を進めることにしたい。

新渡戸稲造の「智徳」

新渡戸稲造《にとべいなぞう》（一八六二〜一九三三）の代表作『武士道』（一八九九）には、「公徳」の直接的な表現は見あたらないが、すでに指摘したごとく（福澤諭吉の「智徳」と「公徳」）、福澤諭吉の『文明論之概略』（一八七五）に吐露した「智徳」と同様の表現を確認できる。以下、参考に供したい。

寛容、忍耐、寛恕などの、高い徳にまで到達した者は、たしかにごく少数の者に過ぎなかった。ことに武士の名誉を形成するものとして、明白なそして一般的な教えを述べたものが何一つなかったのは、まことに悲しむべきことである。ただ少数の智徳のすぐれた人々だけが、名誉は「境遇から生まれるものではなく」、各人がその分を守り尽くすことである、ということを知っていたのである。

（『武士道』〈須知徳平訳　講談社バイリンガル・ブックス〉一三八頁）

福澤諭吉の主張する「智徳」は、「徳」の概念を統括する生命を宿すほどの重要な位置にある。かかる論旨とは画一には整理することはできないが、新渡戸の『武士道』に僅かに確認できる「智徳」である。とりわけ、引用文の末に知見する「各人がその分を守り尽くすことである」と吐露する真意に注目したい。

渋沢栄一の「私徳と公徳」意識

政治家は「政治は多数の集合力だ」と豪語し、「商工業者は商工業の隆昌は金力だ」と放言す。蓋し「力」は「徳」に拠りて成立する。徳を離れたる「力」は暴力なり。

〈『論語講義　序』〈二松学舎出版部　大正十四年十月二十日刊　渋沢栄一講義録　二頁〉〉

道徳の大本となるものは亦仁である。仁は決して小さな私徳にのみ限らるべきものではない。公徳に於て又之を体する事にせねばならぬものである。……国民が皆私徳と共に又公徳を重んじ、実業にも其の意を以て当るやうにすれば、仁が自然と行はれて国家の品位を高め得る事になる。

〈『実験論語処世談』大正十一年〈『渋沢栄一伝記資料』別巻第六　渋沢青淵記念財団竜門社　昭和四十三年　六五八頁〜九頁〉〉

渋沢栄一（一八四〇〜一九三一）は、埼玉県深谷市出身。豪農の子。若くして幕府に仕え、明治維新後に大蔵省に出仕。辞職後、第一国立銀行を経営、製紙、紡績、保険、運輸、鉄道など多くの企業に関与。引退後は社会事業、教育に尽力している。渋沢の言わんとするところは、「政治家」も「経済人」も、ともに「徳」を忘れてはならないとする。

この場合の「徳」とは、広汎な意味を宿していると思量するが、要は、本書で指摘するところの「公徳」に近い意味であると考えている。

後藤新平と「公徳心」

台湾総督府の民政局長、東京市長などの要路を歴任した後藤新平（一八五七～一九二九）の提唱した「自治三訣」は、日本における「公徳心」に共通する思想生命を宿していると考えている。

「公徳心」の定義については、本書の中で視座をそれぞれに転じながら解釈しているところであるが、後藤の「自治三訣」の内容は、本書中に展開している「公徳心」の概念と比較しても違和感はない。

ここで言う「公徳心」の表現を後藤新平が使用したという事実は不知である。しかし、徳行、徳育といった行為に、後藤は深くかかわり実践している。因みに、後藤の生涯を鑑みるとき、その事跡の多くが日本国家の将来、さらには人材の育成に貢献することであった。

弱冠二十三歳で愛知県病院長、愛知医学校長に就任。以後、明治三十一年には台湾民政局長（のち民政長官）として台湾の近代化に尽くし、台湾の基礎を築く。さらに明治三十九年には、満鉄（南満州鉄道株式会社）初代総裁に就任。当時、新大陸アメリカに対して、ユーラシア連繋構想を政策化するなど、現在の中国政府が推進する「一帯一路政策」を一世紀前に先取りした構想の実現に尽力している。

現在の中国政府の進める「一帯一路」は、中国による政治戦略であると考えられるのに較べて、後藤の発想は人類に寄与するためというところに後藤の偉大な人間性を見ることができよう。

後藤はこの後、内閣に入り、閣僚として多くの実績を残すが、大正九年に東京市長に就任、大正十二年の関東大震災の直後には、第二次山本権兵衛内閣の内相と帝都復興院総裁となり、首都東京の復興とともに、将来を展望した都市造りに貢献している。

さて、後藤新平の提唱した「自治三訣」とは、

人のおせわにならぬやう　人のお世話をするやう　そしてむくいをもとめぬやう

（龍ヶ崎市公式ホームページ。送り仮名は原文のまま）

とある。

彼の晩年は、「少年団日本連盟初代総裁」として、さきの「自治三訣」を基本とする青少年の育成につとめるとともに、「政治の倫理化」運動に挺身、全国を遊説しているさなか、岡山県の演説会に向う車中で三度目の脳出血の発作にみまわれ、京都にて逝去。類稀れな才能と正義を貫く実践力によって、七十一歳の生涯を駆け抜けた後藤新平の存在は、新渡戸稲造とともに共通する「公徳心」実践者像といえるのではあるまいか。

新渡戸稲造『武士道』上梓から三十四年後の真実

新渡戸稲造《にとべいなぞう》（一八六二〜一九三三）の執筆による『武士道』（一八九九年刊　英文）は、当時、世界十七カ国に翻訳され、東洋の国、日本への関心を高めるとともに、日本人を世界に理解させる上で大きな役割を果した。

上梓された当時、アメリカ大統領ルーズヴェルトは、この『武士道』を大統領周辺の人々に読むことを勧めたと伝えられる。

さらに『武士道』刊行後に生じた日露戦争（一九〇四〜一九〇五）において、日露講和条約（ポーツマス条約）が成立した背景に、アメリカ大統領ルーズヴェルトによる斡旋努力があったことは、大統領の意中に『武士道』による日本認識が存在していたものと思量する。

新渡戸の『武士道』はわが国が国際化への進路を進める中にあって、国際社会に日本を紹介するうえで、それなりの役割を果たし得たことは事実であろう。

さて、この『武士道』上梓の年から三十四年後、新渡戸稲造は『内観外望』（実業之日本社発行　一九三三年）を上梓している。内容は「新自由主義」、「思想的緊縮」、「マルクス運動の我国に容れられぬ理由」、「東西王道の比較」、「国際政治と国内政治」、「武士道と商人道」、「都会病」、「英語及び英文学の価値」、「米国人の英語とその文学」、「大学教育の使命」、「大学教育と職業問題」、「現代思想と印度」の展開となっている。

初代「国際連盟　事務次長」として、また「ジュネーブの星」と謳われた新渡戸稲造の評価と信望は国際間に高く、一九二六年まで国際連盟のために尽くした。一九二九年には、太平洋問題調査会の理事長に就任。カナダのバンフで開催された太平洋会議に出席し、現地において発病のために七十一歳で逝去している。

一八九九年に上梓された『武士道』は英文であったが、その時期から三十四年の歳月を隔てて刊行された『内観外望』は、日本語で綴られ、新渡戸の該博な知識を存分に駆使した構文である。

その中から「武士道と商人道」篇を整理し、「武士道」観について検証する。（以下、送り仮名は全て原文のまま）

私は武士道といふものについて、三十年ばかり前、少し書いて見たことがある。その頃武士道といふ言葉は、あまり世の中で使はなかった。全然ないわけではなかったが、使はれてゐなかった。英吉利《イギリス》の日本研究者チェンバレーンを始め、その他日本の事物に詳しい人々は、自分はかつて日本に長くゐたが、武士道といふ言葉は聞いたことがない。昔の日本にもそんなことはないといってゐる。もっとも明治十年前後の話である。また末松子爵の如きは、かつては露戦争の頃、倫敦《ロンドン》に駐在されてゐて、頻に武士道を説いた。

ところが、あなたの国には、武士道といふ言葉は昔なかったさうではないか、といはれて、末松さんが非常に面食ひ、その出處を探したけれどもない。武士といふ二文字はあっても、武士道の三字はない。弓矢とる身などの文字はあるが、武士道はない。そこで遂に、この字は私が好い加減に拵へたものだろうと、笑ひ話にいはれたこともある。ところが先日、日日新聞の中安といふ人が、古い本を探してゐる中に、この字が見つかった。何でも二三ヶ所に武士道の字がある、と知らせてくれた。それで私は、自分が創造した名誉を失ふと同時に、新しい字を拵へたといふ罪も免れたわけである。しかし普通には行はれてゐなかった言葉であるやうである。

ところで武士道とはどんなものかといへば、要素はたくさんあろうが、要するに、その根本は耻を知る、廉耻を重んずるといふことではないかと思ふ。英語でいったならばディスオーナー、なるほど武士道といへば、先づ君に忠、親に孝、仁義礼智信など考へられるが、数へ来れば、まだゝ項目はたくさんあって、仁義礼智信だけでは足りさうもない。けれども煎じ詰めたところは、耻を知ることであろうと思ふ。武士にして君に不忠を働くは耻じ、親に不孝をするは耻、己に顧みて恥かしからざる行をするということさへ決まれば、自ら君に対すれば忠、親に対すれば孝、兄に対すれば敬といふやうに、その道が備はつて来るものであろうと思ふ。

〔『内観外望』「武士道とは何か」〈二〇三頁〜二〇四頁〉〈実業之日本社　昭和八年五月刊〉〕

以上の新渡戸の吐露するところを整理すると、国際社会に広く読まれた『武士道』の要点は、「恥を知る」ということである。後世、ルース・ベネディクト（Ruth Benedict 一八八七〜一九四八）の著わした『菊と刀』（一九四六年刊）の要所にも日本人の精神性にふれて「恥と徳」ということの重要性が指摘されている。

恥は徳の根本である、と彼らは言う。恥を感じやすい人間こそ、善行のあらゆる掟を実行する人である。「恥を知る人」という言葉は、ある時は 'Virtuous man' 〔有徳の人〕、ある時は 'man of honor' 〔名誉を重んずる人〕と訳される。恥は日本の倫理において、「良心の潔白」、「神に義とせられること」、罪を避けることが、西欧の倫理において占めているのと同じ権威ある地位を占めている。（略）日本人の生活において恥が最高の地位を占めているということは、恥を深刻に感じる部族または国民がすべてそうであるように、各人が自己の行動に対する世評に気をくばるということを意味する。

（ルース・ベネディクト 著　長谷川松治 訳『菊と刀』「第十章　徳のジレンマ」〈二七四頁〉）

日本社会でベストセラーになったルース・ベネディクトの『菊と刀』は、その著作の経緯が、米国における日本研究組織（米国、海外情報部基礎分析課、外国戦意調査課）に属していたルース・ベネディクトの研究の産物であったことから推論すれば、年代的に、新渡戸稲造の『武士道』、さらには『内観外望』についても参考文献の対象であったことは十分類推されるところである。

持続可能な地球社会に貢献できる人材の育成は、国の内外を問わず人類共通の課題である。

国際社会に貢献するために必要なものは何か。それは科学の進歩のみではない。より重要なのは、国境、民族、宗教などを超越した国際社会を俯瞰的に判断することのできる人材である。そうした人物こそが、人類共通の願いである安全と平和と進歩に寄与できるのである。わたくしは、そのような人材の資質として大切なことは「公徳」の意味を理解できることであると考えている。

「公徳」の欠落した漢字文化圏

さて、日本国内にあっては、二〇二〇年の東京オリンピック開催ということもあり、諸外国からの訪日客を受け入れるための環境づくりが、かなりのスピード感で推進されている。

環境づくりは、国の経済力、国民の熱意によるものであるだけに、国際社会の視座から優れた環境として認められることに越したことはない。

国際社会というグローバルな視点から日本の存在を考えたとき、国連に拠出する日本の分担金は、世界各国の中でも米国に次いで二位である。

国際社会の平和維持活動の分野においても、つねに世界各国の範となるべく努力を続けている。わが国は国際社会の模範生といってよい。意識するとしないに拘らず、「公徳」を実践しているのが日本の姿といえよう。

かつて漢字文化圏と称され、また、儒教文化圏といわれた中国、さらに朝鮮半島と日本は、彼の国々、地域とともに漢字を使用し、思想的精神的には儒教思想を共有していた時代もある。

しかしながら、これらの文化圏の中でも日本を除く国々では、漢字は本来の象形、表意といった領域への配慮は省略された極端な簡体字、あるいはハングル文字に変わり、かつての漢字文化圏とは似て非なる構図となっている。

とりわけ「儒教」については、中国大陸における「批孔」(孔子批判)運動、また朝鮮半島における五百年余の長期間にわたる朱子学絶対の時代といった極端なまでの激しい歴史の展開の結果、日本とは全く異質なものとなっている。

近年にいたり、中国では「批孔」運動を改め、逆に孔子を顕彰する運動を世界に展開している。ご都合主義と思われても仕方あるまい。

これらの推移と日本は大きく異なり、日本独自の進化を遂げている。すなわち、漢字の一部は仮名、さらにはひらがなとして進化し、漢字とかな文字の両用による豊かな表現が定着、進化しているばかりではなく、漢字においては、常用漢字も、漢字の成り立ちを損なうことなく配慮されている。

また、儒学の領域にあっては、さきの二カ国とは極端なまでに、その受容と展開に異質性を認める。

伝説としては、日本への『論語《ろんご》』、『千字文《せんじもん》』の伝来は朝鮮半島の王仁《わに》によってもたらされたものと称されている。王仁とは古代百済《くだら》からの渡来人であり、漢の高祖《こうそ》の子孫とも称され、応神天皇の時代(五世紀前後に比定)に来日し、『論語』一〇巻、『千字文』一巻をもたらしたという。

李氏朝鮮（一三九二〜一九一〇）五百十八年間に定着した儒学は、儒学の中でも「朱子学」に限定した。厳格な教義を内在する朱子学は「窮理」の学と称される。李朝はこの朱子学を賞揚した。従って、朝鮮半島における千年余の歴史を誇る仏教への宗教観と思想の排斥と攻撃は徹底したものとなり、多くの仏像が破壊されるにいたっている。この朱子学絶対の歴史は、一九一〇年まで、およそ五百年余にわたり続けられた。

余談ながら、朝鮮半島の人々の意識を考える時、朝鮮半島から仏教文化、思想が千年余にわたり後退し、「窮理」の朱子学が社会を席捲していたことと、関係があるように思量する。

これら中・朝と比較して日本の儒学は、主体的受容の歴史といえる。換言すれば、日本の場合は能動的である。

学説的には、「十七条憲法」（六〇四）には、多種にわたる漢籍が使用されている。また、朱子学に限れば、鎌倉時代の一二〇〇年には朱子学がもたらされている。すなわち朱子（一一三〇〜一二〇〇）の歿年には、すでに朱子学が日本に受け入れられていた。

当時は、禅宗（臨済宗）の盛んな時代であり、鎌倉五山、京都五山を中心に、これらの仏教文化の中に、朱子学は融合されている。

従って、日本は李朝と異なり、朱子学を絶対視する社会状況とは全く異質である。

近世に入ると、朱子学は徳川幕府の御用学問となったが、現実には、日本の儒学は各藩によって、古義学《こぎ》、陽明学《ようめい》、古文辞学《こぶんじ》、折衷学《せっちゅう》など、朱子学以外の学問もとり入れられ、学問研究の自由な社会環境にあった。

従って、李氏朝鮮にみられるような朱子学一辺倒のある意味では硬直的な社会とは異なった結果、日本の近代化が大幅に進むことになったと指摘するむきもある。

さらに、このような日本の学術的傾向の底流に、神道を伝統とする多神教の国柄があり、融和と協調、そして寛容という国民の和の精神の発達をうながす結果となっている。これらが中国ならびに朝鮮半島と比較して、「公徳」が日本独自の倫理観として存在していることと無縁ではないと思われる。

「公徳」の表現は漢字の表記によるものであり、そこには中国の伝統思想の影響を連想するところである。しかし管見ながら、『論語』をはじめ四書、五経には「公徳」の表白を確認できない。

この問題については、別章において検証した。さらに、「公」についても、その思想性、精神性を示す用例は『論語』には存在しない。ただし『論語』における「徳」の事例については、多数にのぼり別章（『論語』に「公徳」なし）に整理したものを参照されたい。

「公徳」とはなにか

辞典に頼るまでもなく、かつての日本では「公徳」という表現が至極あたり前のように使われていた。「公徳」があれば「私徳」があり、これらの原点となるものは「徳」である。

学校教育では「知育、徳育、体育」ということが教育の三点セットのように扱われ、現実に教育の現場で言われてきたし、今でも使われている。「徳」は比較的、わが国では一般的になじんだ言語表現であると考えられる。

さて、「公徳」の定義については、本書内に多面的に事例を掲げていることにより、読者の自主的なご判断によっていただくのが良いと考えている。

ただし、この際に留意すべきことは、「公徳」と「道徳」とは、異質とまではいかなくとも、必ずしも同じというわけではないということである。

因みに「道徳」は、かなり広い意味を内包する。たとえば全体主義社会の道徳もあれば自由主義社会の道徳もある。宗教上の相違においてはなおさら多様といえよう。これらの意味は別稿でもふれたが、組織の範疇にありながら組織を構成する一員としての個人の正義も存在することと同様であるといえよう。

わたくしの言わんとする「公徳」とは、「道徳」とか「正義」といった表現のみで他者の理解を深めることは困難であると考えている。

つまり、「徳」に「公」が冠されることによって、通常の「徳」は福澤諭吉の言うところの「私徳」をはなれた「公徳」、すなわち所属間の対立などによって変わることのない倫理、普遍的な倫理・道徳、になるということである。

「国際連盟」初代事務次長としての日本人

日本には、この国ならではの大切なもの、また忘れてはいけないことがある。「公徳心」も、それら大切なことの一つである。この国ならではという表現を使ったが、「公徳心」も、この国ならではという表現が落ち着く、あるいは相応しいと思う。

本文中にも紹介したように、「公」について先賢の多くは「中庸《ちゅうよう》」の意味ととらえている。中庸というと、どちらにもかたよらない、中を得たということであり、古典の『中庸《ちゅうよう》』ともかかわる。

（注：『中庸』は、『礼記《らいき》』の一篇として伝わって来たものである。作者については、『史記《しき》』に「孔子、鯉《り》を生む。字は伯魚《はくぎょ》。伯魚は年五十にして孔子に先だちて死す。

伯魚、伋《きゅう》を生む。字は子思《しし》。年六十二にして死す。嘗《かつ》て宋に困《くる》しむ。子思『中庸』を作る」（「孔子世家」）と見られる。

また、後漢の鄭玄《じょうげん》（一二七〜二〇〇　経学の集大成者）は、「名づけて中庸というは、その中和のはたらきをなすを記すを以てなり。庸は用なり。孔子の孫の子思、これを作りて、以て聖祖の徳を照明にす」と解説している。こののち近世に至るまで、『礼記』の中庸篇が子思の述作であるということは、ほとんど定説になっていた。

その後『中庸』を宋代の新儒学、いわゆる性理の学の中枢に定着させたのが、朱熹《しゅき》〈一一三〇〜一二〇〇〉である。）

しかし、公と中を比較したとき、そこには微妙な異質性を認めることができる。すなわち「公」は、その字の成り立ちからして、人々が集まる公開の場であり、「おおやけ」の意味を表わしている。さらに論じれば、私心を除き去るの意味であり、中庸の意味する「どちらにもかたよらない」とは違う意味を宿していると考えるのが一般的ではないだろうか。

筆者の考えでは「公徳心」とは「中徳心」といった表現ではその思想性において、

代わりうることはできないと思っている。従って、日本人社会に膾炙《かいしゃ》した「公徳心」とは、あくまでも「公徳心」であり続けるものでなければいけないと理解している。「公徳心」とは、同じ漢字文化圏における中国や韓国と比較して、その歴史的背景、国民性の中においても、日本のみに定着した倫理として独立性の高いものとして認識している。

倫理とは人間の思惟が行動に反映されてはじめてその存在が証左されるものであることから考えると、日本の公徳心を他の漢字文化圏に期待するには無理がある。例えば、文明社会の共通原則・ルールを守ることは、日本においては当然のことであるという認識を共有できる国民性は「公徳心」によって培われている。

しかるに、国と国との約束事にもかかわらずそれぞれの国内事情を優先し、いとも簡単に国と国との約束を反古にするが如き人々には、「公徳心」の共有などということは到底無理な話である。

かつて、国際連盟の発足（一九二〇）にともない、日本の新渡戸稲造《にとべいなぞう》（一八六二〜

一九三三）は、初代の国際連盟の事務次長に就任した。

前年の一九一九年に開催された「パリ講話会議」（ベルサイユ講話会議）における日本の提唱した「人種平等」の件については別章に改めている関係上、ここでは割愛する。

日本は戦勝国として、英・米・仏・伊と肩を並べる五大国の一角を占めていた情況下にあって、国連の発足にともない新渡戸の事務次長就任が決まったのである。新渡戸は、当時五十七歳だった。

新渡戸の国連事務次長の働きは、事務総長に代わって、国際連盟を代表して多方面での演説も多く、中でも「国際連盟は何をし、何をしつつあるか」と題する講演を行なったことなどは、私観ではなく公の規範を基調にしたものであり、既に国際社会に寄せる新渡戸の倫理観には公徳の観念が定着していたものと思量する。

近年、国連事務総長の任期を終えた某国の御仁が、自国に有利な発言と行動を繰り返したレベルとは全く異なる、公職に徹した新渡戸《にとべ》稲造《いなぞう》の足跡を辿ることができる。

新渡戸の精神が彼の自著『武士道』（一八九九）を体現するものであり、その精神を実践した行為として再認識している。

なお、新渡戸稲造の任期満了に伴ない、その後任として、一九二七年に国連事務次長に就任したのが杉村陽太郎（一八八五～一九三九）である。当時の国連事務総長はイギリスのドラモントであった。杉村の国連での存在は事務総長ドラモントをはじめ、各国大使の信頼もあつく、日本人の公徳心を体した外交官として前任者の新渡戸と同様に国際間に信用される存在となっていた。しかし後に、日本が満州国建国を国際連盟に否定され、日本は国際連盟を脱退せざるを得なくなり、杉村も事務次長の任を辞すことになった。

新渡戸稲造によって、国連に信用と信頼を築き、杉村陽太郎によって継承された日本の国際的信用は、満州国建国という問題から一挙に失墜の歴史へと転換している。

「公徳心の発露」

公徳心と言うだけでは（文字に表わす場合も含めて）、公徳心とは何たるかを明確に質問者に答えることは困難である。

とりわけ、知識、教養の高いと考えられている人から、改まって「公徳心」を問われると困惑することすらある。本文中に扱った蠟山政道《ろうやままさみち》の表白（一六頁）にもあるごとく、従来の日本の知識人の認識には「公徳心」は、日常的に使用されていた言語であると考えられるが、現代社会にはなじみの少ない言語であるのかも知れない。

すくなくとも蠟山政道の著わした文章が昭和十五年代であるから、この時代の日本ではあたり前に通用した言語であったことは確かである。

かりに、現在の知識階級に「公徳心」についての意味不明という意識があるとすれば、それは日本人の「公徳」観そのものについての認識が希薄、もしくは欠落していることにもなりかねない。

本書の中で「公徳」の使用例についてできる限り諸文献を渉猟した実例を示すことに努めたのも、多くの人々にこの言葉の意味を少しでも深く理解してもらいたいと思ったからである。

そうした事例を整理するうちに、「公徳心」とは、日本人の精神、アイデンティティー（identity）の表象として、日本人の行為の中に「公徳心」を確認できるということに思いを致した。

「公」と「徳」の原義については、それぞれ本書中に整理したところである。次に「公徳」について、諸事例から帰納するところは、「公《おおやけ》にかかわる実践的倫理」と整理できる。

わたくしは、日本人のアイデンティティーの原点と思量するところに、聖徳太子（五七四〜六二二）の「和」の思想哲学を位置づけている。

全世界の人類史の中で、民族の中心思想に「和」を核心にすえた民族は日本を除いて管見ながら未知である。

「和」の基本は、人間相互への気遣いであり、対立の事象については寛容であり、時には奉仕と献身である。これらを決断し、実践するための行動力といったことも必要となる。

一九四五年以降の日本社会では、とりわけ人権のみが声高に叫ばれ、人格や品格にかかわる面の大切さが軽視されていることは否めない感がする。

そうした中で、「公徳心」という日本人の美徳とすべき言語も、ともに忘れさられようとしているのが現実ではないだろうか。

だからこそ、「公徳心」とはいったい何なのかといった、疑問が呈される社会現象が起こっていると考える。

日本古来の美徳、アイデンティティとしての公徳と考えられる出来事が、この日本社会を中心として、更に国際社会の中にも歴史上多く存在していることに、わたくしは「公徳」の認識事例としてすこぶる興味のあるところである。

本稿のごとく、倫理観の定義に類する論旨は、読者から見て牽強付会と受けとられかねない要素を帯びることもある。そのことをできるだけ避けるために、公徳心の発露と考えられるいくつかの史実を紹介する。

パリ講話会議における日本提案の「人種差別撤廃案」

パリ講和会議（ベルサイユ会議）は、一九一九年に開会された。第一次世界大戦における連合国が講和条件等について討議した会議である。

ここでは講和問題のみならず、国際連盟を含めた新たな国際体制についても議論されている。なお、参加国の中でも重要議題については五大国（イギリス、アメリカ、フランス、イタリア、日本）の全権で構成された十人委員会で行なわれていた。日本側代表として、西園寺公望《きんもち》元首相、牧野伸顕《のぶあき》元外相、ほかに珍田捨巳《ちんだすてみ》駐英大使、松井慶四郎駐仏大使がいた。

戦争処理問題を討議する会議ではあったが、欧米にとっても国際連盟という地球規模の組織を確立する機会でもあった。

別章で紹介しているごとく、国際連盟初代事務次長に新渡戸稲造が就任し、続いて二代目事務次長に杉村陽太郎がその任にあたっている。国際連盟の発足時に、世界各国から認められていた日本であったからこその国連事務次長の席であったが、日本の満州進出という強行策が、遂に国際間の信頼を失い、国連における事務次長の任を放棄せざるを得なかったのは、現在の国連と世界の状況を鑑みるとき、いかにも残念なことであると思わざるを得ない。

当時、アメリカ、カナダ、オーストラリアにおいて日本人を含めた移民に対する排斥運動が生じていた。（現実に、のちには排日移民法までもが成立している。）かかる国際情勢の中にあって、日本の代表団は「人種差別撤廃」を講和条件に盛り込むことを主張している。

この日本側の主張には二案があった。一つは、国際正義が主張される講和会議で移民排斥不当を表明すること自体に意味があるとする考えと、人種平等の提案を成すことで、国際組織で平等の立場をかち取り、日本の印象を平和的なものとする、という考えである。

結果的には、参加国側の種々の思惑があり、日本の提案は成立することはなかったが、日本側委員である牧野伸顕の発議により、議案を撤回するかわりに、提案を行なったという事実と採決記録を議事録に残すことを要請し、会議議事録に記されることになった。

なお、参加国中、日本側の提案に賛成した国は、フランス、イタリア、ギリシャ、中華民国、ポルトガル、チェコスロバキア代表の十一名であり、反対はイギリス、アメリカ、ポーランド、ブラジル、ルーマニアの代表五名であった。

多数決では勝っていたものの、議長を務めた米大統領ウィルソンによる「全会一致」の条件のもとに、人類平等という人類史に残るべき人種差別撤廃案はその成立を実現することなく終わっている。

一九四五年以降、国連の機能と役割りは様変わりしてはいるが、常任理事国（アメリカ、イギリス、フランス、中国、ロシア）の調整機能も、各国の思惑によって容易ではないのが国際環境の現実である。

これらの国々を含めて、真の国際人の定義を考えるとき、わたくしは、『老子《ろうし》』

の哲学「道」(超越の論理)の真理に思いを致すことがある。

実践的、現実的な人間社会には、それぞれの国の歴史、宗教としての秩序観があり、まさに特異と特異が交差している日常が人間社会であろう。

人間社会の対立軸を俯瞰できる尺度を持ち合せている人間がいたとしても、その問題の解決の実現には力が必要となる。しかも平和維持のためにする行為も、国ごとに思惑は異なっている。

日本人の人類の恒久平和社会の構築に寄与する知恵として、国連平和維持活動も含めて、「公徳心」の実践的発露が求められているように考える昨今である。

乃木希典とダグラス・マッカーサーの「公徳心」

突然の訪問と元帥の動作、言葉は終始おだやかで敬虔な態度を持しておられたのには感服しました。その後も時々米軍の指揮官や兵たちが参拝に来ますが神社の規則をよく守り、公徳心の厚いのには感服します。これもひとえに総司令官の人格が下の方までよく反映しているからではないかと思ひます。

（鎌倉「鶴岡八幡宮」恩田宮司）

ダグラス・マッカーサーの所作に、鶴岡八幡宮の恩田宮司は「公徳心」の発露を見ている。

一九四五年八月、太平洋戦争の終結から間もない八月三十日、ダグラス・マッカーサーは厚木飛行場に駐日の第一歩を印した。

九月二日、東京湾外に停泊した米国旗艦ミズーリ号の甲板で日本政府全権代表、外務大臣重光葵《まもる》は、米英など交戦国側の関係者が見守る中で降伏文書に署名し、ポツダム宣言に従うことを約束した。（近年、外交評論家の加瀬英明氏から聞くところによると、このとき加瀬氏の御尊父加瀬俊一氏（一九〇三～二〇〇四）も、日本側代表団の一員としてミズーリ号上に参加されていた。）

その後、九月二日午後三時ごろ、十四名の米軍将官がバスに分乗して、鶴岡八幡宮に到着、神社の礼式に従って参拝した。一行は社務所に立ち寄り、この時に神社側がマッカーサーとその一行であると知ったという。（『読売報知新聞』一九四五年九月十八日刊）

この折り、ダグラス・マッカーサーに接遇したのが鶴岡八幡宮の恩田宮司である。

戦争終結後六年余、日本に駐留したマッカーサーであったが、当時のトルーマン大統領との確執によってその地位を罷免され、帰国している。

なぜ、ダグラス・マッカーサーが鶴岡八幡宮を参詣したのであろうか。そこには、新渡戸稲造の『武士道』と、ダグラス・マッカーサーの父であるアーサー・マッカーサーの存在、さらに乃木《のぎ》希典《まれすけ》といった人間像との歴史的な繋がりを考えなければならない。

本書の中で新渡戸稲造の『武士道』について述べたところであるが、『武士道』が英語版として上梓されたのが一八八九年、その後、この書は世界の十七カ国語に翻訳されて国際的に日本の存在が注目されるようになった。一九〇四年に勃発した「日露戦争」は世界の国々から見れば大国ロシアと東洋の武士道の国、日本との戦いとして、多面的な意味で関心が高く、両国陣営にかかわる観戦武官をそれぞれ派遣していた。

その観戦武官たちの中に、米国から参加したダグラス・マッカーサーの父、アーサー・マッカーサー将軍もいた。さらに、アーサーに従事したダグラスも日露戦役の観戦者の一人であった。

旅順に派遣されたマッカーサー親子は、日本第3軍司令官乃木希典《まれすけ》（一八四九〜

一九一二）の苦闘する姿を近くに観察するとともに、乃木希典の軍人としての実像を通して、『武士道』に示されている武士の姿を直接体験することになる。

ロシアに勝利した乃木希典の声価を一気に世界に広めたのが、旅順要塞の司令官ステッセル（Anatolii Mikhailovich Stoessel　一八四八〜一九一五）との水師営の会見であった。

乃木希典は、ロシア側の敗将とその部下の将校たちの名誉を傷つけるような写真を撮ることを一切認めなかった。許可した一枚の写真には、ステッセルをはじめとした、ロシア将校たちに勲章の着用と佩刀を認め、日本とロシアの軍人たちが共にくつろいでいる様子が撮影されている。

さらに、敗者となったロシアの将兵に酒肴を提供し、彼らをいたわっている。

余談ながら、乃木希典と吉田松陰（一八三〇〜一八五九）には繋がりがある。松陰の父親の末弟、玉木文之進は文武両道に秀でた勤皇家であり、つねに『靖献《せいけん》遺言《いげん》』を愛読したと伝えられ、更に郷土における青少年の教育に関心が高く、私塾を開いてこれを松下村塾と称していた。この者が松陰の教育に最も力を尽している。玉木文之進の徳望は長門において著名であり、乃木希典も玉木門下生である。
また、玉木文之進の一子彦助が慶応二年（一八六六）に戦死したあと、乃木希典の弟、真人を玉木家の養子として迎えている（拙著『吉田松陰』明徳出版社）。従って、乃木希典と吉田松陰は親戚ということになる。

明治天皇（在位　一八六七〜一九一二）の大葬当日、乃木希典は自邸において妻静子とともに殉死した。その乃木邸あとに、「乃木神社」が創建されたが（一九二三）、一九四五年の太平洋戦争終戦の年五月二十五日の大空襲で焼失して、現在の乃木神社が再建されたのは一九六二年である。

現在、この乃木神社境内にアメリカハナミズキ（白）が植えられている。このハナミズキこそ、駐日六年余に及んだダグラス・マッカーサーが、帰国直前に乃木邸跡（乃木神社焼失のあと神社が再建されるまでは焼けあととなっていた。）を訪れて、自ら手植したものである。

父アーサー・マッカーサーから『武士道』の味読をすすめられ、更には父に従った日露戦での武人乃木希典の卓越した人間像に直接ふれたダグラス・マッカーサーの意識には、かつて、父アーサーと共に参詣した鶴岡八幡宮の想い出とともに、尊敬すべき乃木希典への追憶と畏敬の念があり、ハナミズキの植樹となったのではないかと考えている。

トルーマン（Harry S Truman）アメリカ合衆国第三十三代大統領（一九四五〜一九五三）との確執によって罷免され帰国したマッカーサーは、一九五一年五月三日のアメリカ上院における「軍事外交合同委員会」の席上、ヒッケンルーパー上院議員の質問にこたえる形で「日本の戦争は日本の自衛のための戦争であった」とする意見を吐露している。

因みに、かの極東軍事東京裁判において、東条英機（一八八四〜一九四八　軍人・政治家。陸軍大将。終戦後Ａ級戦犯として刑死。）は終始、このダグラス・マッカーサーの意見と同じ趣旨の発言をしている。両者は勝者と敗者の関係でありながら、太平洋戦争観について、共有する認識にあった可能性も捨てきれない。

「徳」のきずな日本外交

いま、筆者の手許に『日華協力委員会第十六回総会記録』（日華協力委員会　一九七一年刊）が残されている。

太平洋戦争後、わが国が八十番目の国連加盟国となってから今年（二〇一七）が六十一周年になる。国連も七十一周年を迎えているわけであるから、本来は日本の加盟は数年早いはずであったが、当時の常任理事国（アメリカ、イギリス、フランス、中華民国、ソヴェト社会主義共和国連邦）の中で、ソヴェトの強硬な反対があり、日本の加盟は数年遅れている。

六十一年前、日本の国連加盟が現実となったとき、当時の外務大臣重光葵《まもる》（一八八七～一九五七）は国連会議場において「日本は東西のかけ橋となり得る」と宣言している。

満州事変（一九三一）以降、軍部の独走によって太平洋戦争につき進んだ日本の歴史は、昭和二十年（一九四五）の終戦を境に、本来あるべき大和の歴史に戻ったといえる。

重光葵は、極東裁判によってA級戦犯として服役したのち、改進党総裁、鳩山一郎内閣外相を歴任するなど、自身の社会貢献という事実とともに国際社会における日本の役割についてすでに認識していたものと思われる。

日本は国連加盟の翌々年、一九五八年にはすでに安全保障理事会の「非常任理事国」となり、二〇一六年一月からは、国連加盟国中で最多となる十一回目の「非常任理事国」としての重責を担っていることは、六十年前の重光葵の宣言が具現化されている証左といえよう。

さて、日本が国連の場を通じて国際社会に復帰する機会に、アメリカ、イギリス、フランスとともに積極的に歓迎の姿勢を示した中華民国（台湾）が、皮肉にも中華人民共和国（以降、中国）の周到にして、かつ執拗な国連工作（「アルバニア決議案」）

によって、国連常任理事国のみならず国連加盟国の席を中国に譲らざるをえない事態を迎えていた。

この重大な時期に際して、中華民国（台湾）の国連での議席を守るべく、日本を中心に自由民主主義を国是とする国々の努力が続けられていた。

日本と中華民国（台湾）との間には、戦後「日華協力委員会」の組織が機能し、政治、経済、文化のそれぞれの分野において両国間の調整をはかっていた。

当然のことながら、中華民国（台湾）の国連脱退問題も、両国間にとって、最大の関心事であった。従って、本章の冒頭に紹介した『日華協力委員会第十六回総会記録』は、まさにこの危急の秋《とき》に開催された会議の記録といえる。

筆者はこのとき三十四歳であったが中国哲学を専門とする立場から日本側委員として、岸信介（一八九六〜一九八七）元総理大臣を顧問とする一行に加えられていた。

中華民国が、国共内戦の結果、台湾に政権基盤を移さざるをえなかった経緯については、既に多くの先行書があるので割愛するとして、さきの大戦の終結時に、中国大陸には多数の日本人が在留して日本への帰国を待ち望んでいた。

この情況下にあって、蒋介石《しょうかいせき》（中正　一八八七～一九七五）氏による「怨みに報ゆるに徳を以てす」（『老子』第六十三章〈なお、類似の表現を『論語』憲問・第十四にも窺知できる〉）との指示により、日本人の帰還が迅速に進められたことは、『忘れてならぬ歴史の一頁―徳をもって怨に酬ゆる―』（大久保伝蔵著　時事通信社　昭和四十四年刊）に詳細に記されている。

余談ながら、件の大久保（一九〇一～一九八六）氏は戦後、中央大学常任理事に、さらに、衆議院議員として、引揚対策特別委員長の任をつとめていた。その後、山形市の市長、全国・市長会副会長として活躍するかたわら「日華親善協会」を組織されている。筆者も微力ながらご協力させて戴いた。

大陸に残留していた日本人の引き揚げの責任を遂行（中華民国側）されたのが、蒋介石氏とともに青年期に日本の東京振武学校に学んだ経験のある何應欽（一八九〇～一九八七）氏であったことも、邦人には幸いしたと思われる。

この対応に比較して悲惨をきわめたのは、大陸東北地方にいた日本人であり、婦女子を含めた民間人の地獄の逃避行であった。

軍人のみならず成人男性のほとんどが、戦後にもかかわらず、シベリアに強制的に連行され、多くの人々が極寒の地で尊い命を落としている事実は、北方四島の問題を含めて、日本人として決して忘れてはいけないことである。

戦争の終結後に、わが国固有の北方領土に武力侵入して、現在もそのまま居座り続ける国や指導者に「公徳」の理解を期待することは容易ではない。

杉原千畝と「公徳心」

杉原千畝《すぎはらちうね》（一九〇〇〜一九八六）の「命のビザ」にかかわる実話は、「日本のシンドラー」（オスカー・シンドラー Oskar Schindler 〈一九〇八〜一九七四〉は、ドイツの実業家。第二次世界大戦中、ドイツにより強制収容所に収容されていたユダヤ人のうち、自分の工場で雇用していた千二百名をナチス・ドイツの虐殺から救った。）として国内外に広く伝えられている。

読者の多くは、この杉原千畝の功績について承知おかれていると思われるので、紙幅の都合上、要点について記す。

第二次世界大戦（一九三九〜一九四五）勃発の時に、日本外交官として六千人余のユダヤ系の人々の命を救うためにビザを発給した杉原千畝の功績を讃え、現代ではイスラエルの丘に五十本の杉に囲まれた顕彰碑の建立、さらに、リトアニアには「スギハラ通り」と命名された公道が設けられるなど、大戦終結から現代にいたるも、いまだに世界の人々から尊敬を受け続ける杉原の事蹟は、日本人としての誇りであり、日本人の美談というレベルだけでは表現でき得ない重く深い事実史がある。

以下に、『六千人の命のビザ』（新版　大正出版　杉原幸子著　二〇一六年版）から杉原千畝の事蹟の一部を紹介する。

夫（千畝―筆者注）の話などから、ユダヤ人の窮状は私（幸子―筆者注）の耳にも入っていました。ナチス・ドイツによる占領と同時に、ポーランドでもユダヤ人排斥の嵐が吹き荒れていました。のちの悪名高いアウシュビッツ収容所はポーランドの都市クラクフの西に造られたのです。当時、ポーランドには三五〇万人のユダヤ人が住んでいたそうです。その人たちはできるだけの手を尽くしてナチスの魔の手から逃れようとしたのでしょう。運よく逃げのびた人たちは、ドイツの勢力がまだ及んでいない北、このカウナスへ辿り着いたのです。日本を通過してアメリカ、イスラエルに逃れる道しか残されていなかったのです。

（二〇頁）

「幸子、私は外務省に背いて、領事の権限でビザを出すことにする。いいだろう?」

「あとで、私たちはどうなるか分かりませんけれど、そうしてあげてください。」

私の心も夫とひとつでした。大勢の人たちの命が私たちにかかっているのですから。（略）万年筆が折れ、ペンにインクをつけて書くという日が続きました。」

（三一頁〜三九頁）

ユダヤ系難民救済のためにビザの発給にかかわる緊迫した状況がうかがわれる。

幸子氏の手記には「後にユダヤ人から聞いた話では、カウナスに残っていたユダヤ人はすべて殺された、ということです。」（四一頁）と記されている。

杉原千畝の人間の尊厳を守り抜いた思想形成の過程に、彼が青年期に学んだハルピン学院の建学の精神が影響しているとされる。

ハルピン学院の建学の精神とは、本書中（一〇八頁）に収めている後藤新平の「自治三決」であり、この後藤の精神を外交官となった杉原千畝が継承していたものと思量する。

日本人の「公徳心」の発露が、ときとして「自治三決」となり、更には巨大な国際政治の荒波に翻弄されながらも人間の尊厳を守るために、勇気と行動への精神を突き動かしたものと考えている。

杉原千畝を顕彰されているイスラエル、さらにはリトアニアの国家的行為に日本人の一人として、敬意と感謝の念を禁じ得ない。

肥沼信次博士と「公徳心」

医療にかかわる美談は、さまざまな人間模様を交えながら伝えられている。

わたくしの交友関係の中にも、作家 山本周五郎の名作『赤ひげ診療譚』の主人公モデルとなった名医のご令息内野滋雄博士、また渋沢栄一賞を受けられた中村隆俊博士がいる。

これら医師に共通するところは「医は仁術」を実践されていることである。「仁」とは「忠恕《ちゅうじょ》」の精神の発露ともいわれ、真心を尽すの意味である。

この「忠恕」は本書に収載している夏目漱石の『吾輩は猫である』に知見される「公徳」観にかかわる共通語（三六頁）として使用されている。

この時代、夏目漱石と時代を共有した知識人の間では、「公徳」は「忠恕」と同義語であったものと考えられる。

さて、本稿の主人公「肥沼信次《こえぬまのぶつぐ》」（一九〇八〜一九四六）は、外科医 肥沼梅三郎を父として、日本医科大学から東京帝国大学放射線研究室（当時）に進み、一九三七年にドイツに渡り、ベルリン大学医学部放射線研究室に学んでいる。ベルリン大学医学部において東洋人として初めて教授資格を取得している。

当時の国際情勢は、日本、ドイツ、イタリアの三国同盟が締結（一九四〇年）して、翌年には第二次世界大戦が勃発している。

このような情勢の中で、一九四四年にはナチスドイツがドイツ滞在中の知識人に対してナチスへの宣誓を強要し、肥沼にもその要請が伝えられた。

肥沼は「純潔な日本人であり、日本国籍を有する」との自身の立ち位置を示している。

一九四五年一月には、ベルリンは連合軍の大空襲を受け、ベルリン大学も粉塵に帰す状態にあった。ベルリン駐在の日本大使館員をはじめ、在独の日本人に帰国命令が出されるが、肥沼信次はベルリン東方のリーツェンに移っている。

（筆者は、ベルリンの壁のあった頃、旧日本大使館を訪ねたことがある。破壊されたベルリンの街並みの一角にたたずんでいた、「菊」の紋章を残した堅固な作りの旧日本大使館が印象的であった。）

肥沼博士の向かったリーツェンは、中世から栄えた歴史のある古都である。激戦のあとであるだけに市街のほとんどが破壊されていたが、そこはすでに進駐してきたソビェト軍の占領下にあった。

かかる混乱期にあって、リーツェンの衛生面は劣悪の情況にあり、加えて発疹チフス（シラミによる媒介）が大流行していた。

肥沼は、戦争に駆り出されて医師不在の空白地帯であるリーツェンで唯一人の医師として、リーツェンに滞在することになる。医薬品の確保に加え、街中にチフス患者のあふれる中で、独り黙々と発疹チフスの治療に尽くしている。

この間の詳細な報告は、『大戦秘史　リーツェンの桜』（舘澤貢次著　ぱる出版）として上梓されている。

「日本の自然はとてもすばらしい。富士山は美しい山で、特に桜はたいへん綺麗だ。

桜の花をみんなに見せてあげたい」と、言うのが肥沼信次の口癖であったという。

肥沼博士は一九四七年（大戦の二年後）三月、自らも発疹チフスに罹り、三十六歳の若さでリーツェンの地に不帰の客となった。

世界大戦終結の後も異国の人々に尽し続けた肥沼の消息が長く伝えられなかったのは、ソ連によるベルリンの壁、さらには東西冷戦という不運による。

現在、リーツェン市において肥沼信次博士は、市民の命の恩人として語り継がれるとともに、博士の墓碑の近くには日本から贈られた桜の花が季節の移りかわりを伝えている。

一九九四年、リーツェン市市議会は満場一致で、故肥沼信次博士の功績をたたえ、名誉市民とすることを決定した。

異国の地であり、さらに戦火という逆境にありながら日本人の魂を失うことなく、医師としての使命感と公徳心を体現された肥沼信次博士に、深甚なる敬意の誠を捧げる次第である。

結びにかえて

「人間の能力には、いずれにせよ、優劣があります。しかし、公徳心には優劣がありません」

「それぞれの立場で、どうすれば社会に貢献できるかということを常に意識し続けないといけない」

この言葉は、わたくしが「公徳心」への期待を込めて日頃から周囲の人々にお話ししているものです。

この世界に共有することのできる人間の思惟は必ず存在すると信じている、それは、人類のあらゆる宗教や、政治などの対立を超えて、人間として共有できる価値観の存在を信じているということであります。

そもそも、人間社会の秩序という概念を無視しては、社会は成立しない。孤立した個人だけの生活であっても、個人をとりまく環境への適応は必要であり、自然との調和という秩序が求められよう。

人間の相互関係によって成り立つ社会にあってはなおのこと、人類の歴史とともに、より成熟した社会環境をもとめる必要性によって、地域性、民族性、思想、宗教などのあらゆる相克を伴ないながら、それぞれの組織の価値観による秩序社会が構成されている。

宇宙空間の中に生存する地球人類という限られた存在であっても、社会秩序の認識を共有するまでには到っていない。現実には人類は多様な価値観の中に、闘争をくり返しながら、なおかつ人類の共存を求めているのが現実である。

本書はこれらの国際環境の現実にあって、日本に定着している「公徳心」という倫理の可能性について検証することにあった。

識者によっては「公徳心」の英訳にこだわられる向きもあるが、わたくしは「はじめに」に示したごとく、「Kotokushin」でも良いと考えている。

その理由は、「公徳心」として使用され、共有されている漢字表現の実体は、日本人の精神性をも内包する日本の倫理用語であると考えているからに他ならない。

本文中、多様な事例を検証する過程で、「公徳心」の範疇として、「和」、「寛容」、「恥を知る」、「責任感」、「いたわり」、「公平」、「約束の遵守」、「正直」、「倹約」、「おもてなしの心」、「譲り合い」などの事象に直面したことである。しかも、これらの事柄は、日本人の多くが日常的に体験していることでもある。

六年前の東日本大震災時に世界の人々に、多くの驚きと感動を与えた、日本人の慎み、互助の精神の発露は、わが国民の精神性を如実に示したものと言えよう。

山本七平の指摘（『日本人とは何か』祥伝社）する如く、フランス、ロシアの皇帝の最後が、ともにギロチン台であったという冷酷な事実と較べて、万世を継承する皇室という、世界でも稀有な歴史を誇るわが国日本は、「和」を基調とする伝統のもとに存在する。わたくしは、「公徳心」とは、まさに「和」の発露を支える実践倫理であると考える。

人間社会の厳しい現実は「忍耐と寛容をもってすれば、人間の敵意といえども溶解できるなどと、思ってはならない」（『政略論』）と警告するマキアヴェッリ（Niccolò Machiavelli　一四六九～一五二七）の言の如き事実を否定するものではない。

これらの現象を事実として真摯に受けとめることは極めて重要である。わたくしは、なおこのうえで、人類の恒久的存在の意義について、人類相互の和の社会の訪れることを庶幾している。

いま、日本の大学では、世界を視野にしたグローバル教育が官民一体となって推進されている。要は、専攻分野の相違はありながらも、国際社会に対処、対応できる大学教育ということである。

グローバル・リーダーの育成ということが日本の大学に求められている中にあって、専門知識の向上とともに、人類のリーダーとしての基本に求められることは人間関係のバランス感覚を養うことが大切であると考える。

「日本の将来を考えたときに、まさにあらゆる分野でトップに立つ人材は必要です。ただトップだけでは社会はまわりません。トップを支える厚い知識層が欠かせない」

これも、わたくしが日ごろから大学教育について人々に語っているところです。

公徳心は、その意味においても、人間関係のバランス感覚の重要性を体現するに相応しい倫理観であると考えている。

国際人教育を表出する大学が多くなる中で、わたくしは、実践的な品格のある英語力とスポーツ教育の向上をはかるとともに、国際社会に貢献する一助として、日本の国家資本、社会資本とも言うことのできる「和」の精神を表象する「公徳心」教育の提唱と実践につとめている。

参考文献

福澤諭吉『福澤諭吉全集』岩波書店（昭和三十四年）
福澤諭吉『文明論之概略』（校注者松沢弘陽）岩波書店（平成七年）
西田幾多郎『善の研究』岩波書店（大正十三年）
田所義行『儒家思想から見た古事記の研究』櫻楓社（昭和四十一年）
Ruth Benedict『菊と刀』（長谷川松治訳）講談社（平成十七年）
新渡戸稲造『内観外望』実業之日本社（昭和八年）
新渡戸稲造『武士道』（須知徳平訳）講談社（平成十年）
草原克豪『新渡戸稲造はなぜ武士道を書いたのか―愛国心と国際心』（ＰＨＰ新書）ＰＨＰ研究所（平成二十九年）
山本七平『日本人とは何か』祥伝社（平成十八年）
Michael J. Sandel『これからの正義の話をしよう―いまを生き延びるための哲学』（鬼澤忍訳）

早川書房（平成二十二年）
山内昌之『歴史という武器』文藝春秋（平成二十九年）
白石仁章『杉原千畝』新潮文庫（平成二十七年）
高山岩男『道徳とは何か』創文社（昭和四十三年）
溝口雄三『公私』三省堂（平成八年）
平田俊春『神皇正統記の基礎的研究』雄山閣（昭和五十四年）
植村清二『楠木正成』中央文庫（平成元年）
渡辺和靖『明治思想史』ぺりかん社（昭和五十三年）
大久保伝蔵『忘れてならぬ歴史の一頁』時事通信社（昭和四十四年）
内藤虎次郎『日本文化史研究』平凡社（昭和三十八年）
Immanuel Kant『道徳形而上学の基礎』（豊川昇訳）創元社（昭和二十四年）
夏目漱石『漱石全集』岩波書店（昭和四十年）
荻生徂徠『弁名』岩波書店（昭和四十八年）
河合栄治郎編『学生と教養』日本評論社（昭和十五年）

伊藤仁斎『語孟字義』岩波書店（昭和四十六年）
山鹿素行『聖教要録』岩波書店（昭和四十五年）
楠山春樹『呂氏春秋』（上・中・下）明治書院（平成十年）
吉田賢抗『論語』明治書院（昭和三十五年）
桂五十郎『漢籍解題』明治書院（明治三十八年）
諸橋轍次『大漢和辞典』大修館書店（昭和三十四年）
大槻文彦『新編　大言海』冨山房（昭和五十四年）
新村出『広辞苑』（第六版）岩波書店（平成二十六年）
房玄齢（喬）撰『晋書　百三十巻』（唐代）
洪适撰『隷釋　二十一巻』（四庫全書　史部）（宋代）
杉原幸子『六千人の命のビザ』（第九版）大正出版（平成二十八年）
Henry Kissinger『国際秩序』（伏見威蕃訳）日本経済新聞社（平成二十六年）
舘澤貢次『大戦秘史リーツェンの桜』ぱる出版（平成七年）
塩野七生『マキアヴェッリ語録』新潮文庫（平成二十九年）

謝辞

本書の構想は、一九八四年九月、講演のために訪れた西ヨーロッパで東京大学名誉教授であられた宇野精一博士（「平成」年号の奏上者の一人）と数週間にわたって、旅する日々のなか鄙見を吐露させて戴いたところから出発している。宇野博士には、生涯にわたり学恩を蒙りました。

このたびの上梓にあたり、茶道裏千家第十五代家元千玄室大宗匠から推奨の辞を戴きました。深甚なる謝意を表します。

また、稿を進めるにあたり〔「公」についての日本語と漢語の使用例〕、〔「公徳」を評価した夏目漱石〕、〔福澤諭吉の「智徳」と「公徳論」〕について、東京国際大学日本文化研究所准教授倉田静佳氏に執筆協力をお願いした。

出版において、明徳出版社小林眞智子社長のご理解を頂くとともに、佐久間保行氏には、隅々にいたるご協力を戴いた。深く感謝いたします。

本書の執筆から上梓にいたるまで、温かく見守って下さった関係の皆さまに御礼申し上げます。

平成二十九年（二〇一七）九月二十日

倉田　信靖

倉田 信靖（くらた・のぶやす）

略 歴 1937年生まれ。大東文化大学文政学部卒業。大東文化大学教授。同大学名誉教授。マスコミ総合研究所理事長。米国ウィラメット大学名誉人文学博士。
現在、東京国際大学理事長・総長。

著 書 『王陽明全集』（共） 明徳出版社
『李綱文集』（単） 明徳出版社
『吉田松陰』（単） 明徳出版社
他著書論文多数

ISBN978-4-89619-942-0

公徳の国 JAPAN

二〇一七年一〇月一一日 初版印刷
二〇一七年一〇月二二日 初版発行

著者 倉田信靖
発行者 小林眞智子
発行所 ㈱明徳出版社
〒162-0801 東京都新宿区山吹町三五三
（本社・東京都杉並区南荻窪一ー二五ー三）
電話 〇三ー三二六六ー〇四〇一
振替 〇〇一九〇ー七ー五八六三四

印刷・製本 ㈱明徳